# 公務員試験
## 過去問攻略Vテキスト 14

TAC公務員講座 編



# 国際関係

TAC出版
TAC PUBLISHING Group

## はしがき

**本シリーズのねらい——「過去問」の徹底分析による効率的な学習を可能にする**

合格したければ「過去問」にあたれ。

あたりまえに思えるこの言葉の，ほんとうの意味を理解している人は，じつは少ないのかもしれません。過去問は，なんとなく目を通して安心してしまうものではなく，徹底的に分析されなくてはならないのです。とにかく数多くの問題にあたり，自力で解答していくうちに，ある分野は繰り返し出題され，ある分野はほとんど出題されないことに気づくはずです。ここまできて初めて，「過去問」にあたれ，という言葉が自分のものにできたといえるのではないでしょうか。

頻出分野が把握できたなら，もう合格への道筋の半分まで到達したといっても過言ではありません。時間を効率よく使ってどの分野からマスターしていくのか，計画と戦略が立てられるはずです。

とはいえ，教養試験も含めると20以上の科目を学習する必要がある公務員試験では，過去問にあたれといっても時間が足りない，というのが事実ではないでしょうか。

そこでＴＡＣ公務員講座では，みなさんに代わり全力を挙げて，「過去問」を徹底分析し，この『過去問攻略Ｖテキスト』シリーズにまとめあげました。

網羅的で平板な解説を避け，不必要な分野は思いきって削り，重要な論点に絞って厳選収録しています。また，図表を使ってわかりやすく整理されていますので，初学者でも知識のインプット・アウトプットが容易にできます。

『過去問攻略Ｖテキスト』の一冊一冊には，“無駄なく勉強してぜったい合格してほしい”という，講師・スタッフの思いが込められています。公務員試験は長く孤独な戦いではありません。本書を通して，みなさんと私たちは合格への道を一緒に歩んでいくことができるのです。そのことを忘れないでください。そして，かならずや合格できることを心から信じています。

2019年12月　ＴＡＣ公務員講座

※本書は，既刊書『公務員Ｖテキスト15　国際関係』の本文レイアウトを刷新し，『公務員試験　過去問攻略Ｖテキスト14　国際関係』とタイトルを改めたものです。

## 〈国際関係〉はしがき

このテキストは，ＴＡＣ公務員講座「国際関係」のテキストとして，主に地方上級試験および国家一般職（大卒程度）試験の合格・採用を目指す受験生のために編纂されたものです。

国際関係を学ぶ際に大切なのは，世界史や日本史，地理といった人文科学の内容も確かに必要ですが，一つの考えに偏ることなく物事を見ることが必要です。また，国際関係は多岐にわたる分野で構成され，その範囲も広いものになります。

そのため，難しく見えるかもしれません。しかし，公務員試験としての国際関係は，歴史の動きを念頭に置きつつ，様々な事象を理解していくのが近道となります。「なぜこういう制度になったのか，それはこうした時代背景があったから」というのを気にしながら進めていくと，理解も進みます。

これは，国際関係理論においても同じです。理論というと難しく感じるかもしれませんが，国際関係そのものがまだ新しい学問なのでそこまで洗練されていません。なので，様々な分野からアイデアを拝借したり，様々な論者が当時の国際社会をこのように見たというものが大半を占めております。おそれる必要はありません。

国際関係について書かれた書籍は，入門書と銘打っていながら筆者の専門分野に偏った内容になりがちですが，このテキストは公務員試験のための国際関係というスタンスで，国際関係における内容を網羅的にあつかったテキストにもなっております。そのため，国際関係の知識が幅広く身につくことでしょう。

最後に，このテキストが読者諸君の合格に役立つことを願ってやみません。

ＴＡＣ公務員講座

# 本 書 の 構 成

◉本文は，ポイントを絞った内容で，わかりやすく解説しています。

（↓図はいずれもサンプル頁です）

●頻出度合を，重要度として提示しました。白星の数が多いほど，重要な分野となります。

●学習する上での一言アドバイスです。

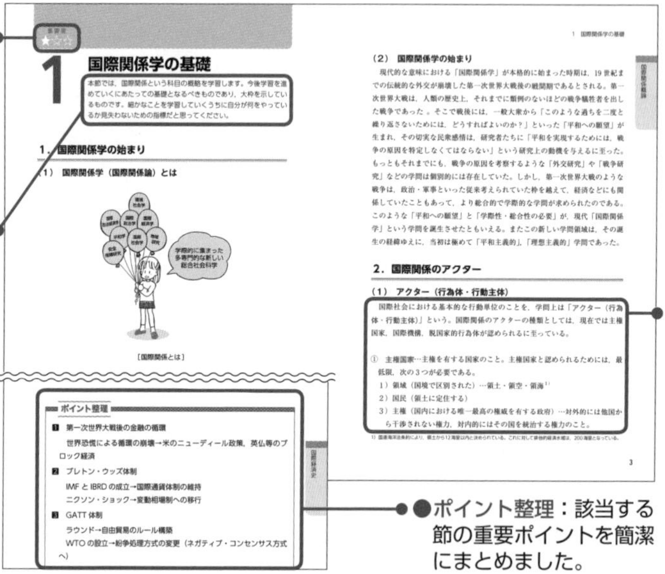
重要度
★☆☆

1 国際関係学の基礎

本節では，国際関係という科目の概略を学習します。今後学習を進めていくにあたっての基礎となるべきものであり，大枠を示しているものです。細かなことを学習していくうちに自分が何をやっているか見失わないための指標だと思ってください。

1．国際関係学の始まり

（1） 国際関係学（国際関係論）とは



［国際関係とは］

ポイント整理

❶ 第一次世界大戦後の金融の循環
世界恐慌による循環の崩壊→米のニューディール政策，英仏等のブロック経済

❷ ブレトン・ウッズ体制
IMF と IBRD の成立→国際通貨体制の維持
ニクソン・ショック→変動相場制への移行

❸ GATT 体制
ラウンド→自由貿易のルール構築
WTO の設立→紛争処理方式の変更（ネガティブ・コンセンサス方式へ）

1 国際関係学の基礎

（2） 国際関係学の始まり

現代的な意味における「国際関係学」が本格的に始まった時期は，19 世紀までの伝統的な外交が崩壊した第一次世界大戦後の戦間期であるとされる。第一次世界大戦は，人類の歴史上，それまでに類例のないほどの戦争犠牲者を出した戦争であった 。そこで戦後には，一般大衆から「このような過ちを二度と繰り返さないためには，どうすればよいのか？」といった「平和への願望」が生まれ，その切実な民衆感情は，研究者たちに「平和を実現するためには，戦争の原因を特定しなくてはならない」という研究上の動機を与えるに至った。もっともそれまでにも，戦争の原因を考察するような「外交研究」や「戦争研究」などの学問は個別的には存在していた。しかし，第一次世界大戦のような戦争は，政治・軍事といった従来考えられていた枠を越えて，経済などにも関係していたこともあって，より総合的で学際的な学問が求められたのである。このような「平和への願望」と「学際性・総合性の必要」が，現代「国際関係学」という学問を誕生させたともいえる。またこの新しい学問領域は，その誕生の経緯ゆえに，当初は極めて「平和主義的」，「理想主義的」学問であった。

2．国際関係のアクター

（1） アクター（行為体・行動主体）

国際社会における基本的な行動単位のことを，学問上は「アクター（行為体・行動主体）」という。国際関係のアクターの種類としては，現在では主権国家，国際機構，脱国家的行為体が認められるに至っている。

① 主権国家…主権を有する国家のこと。主権国家と認められるためには，最低限，次の３つが必要である。
1）領域（国境で区別された）…領土・領空・領海[1]
2）国民（領土に定住する）
3）主権（国内における唯一最高の権威を有する政府）…対外的には他国から干渉されない権力，対内的にはその国を統治する権力のこと。

1） 国連海洋法条約により，領土から12海里以内と決められている。これに対して排他的経済水域は，200海里となっている。

3

●キーワード，キーセンテンスは太字，特に重要なものについては色文字にしました。

●ポイント整理：該当する節の重要ポイントを簡潔にまとめました。

◉Exercise（過去問題）で，学習内容をチェックしましょう。

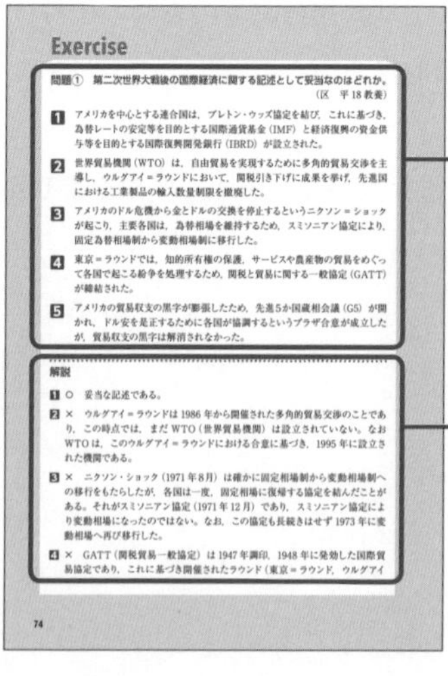
Exercise

問題① 第二次世界大戦後の国際経済に関する記述として妥当なのはどれか。
（区 平 18 教養）

1 アメリカを中心とする連合国は，ブレトン・ウッズ協定を結び，これに基づき，為替レートの安定等を目的とする国際通貨基金（IMF）と経済復興の資金供与等を目的とする国際復興開発銀行（IBRD）が設立された。

2 世界貿易機関（WTO）は，自由貿易を実現するために多角的貿易交渉を主導し，ウルグアイ＝ラウンドにおいて，関税引き下げに成果を挙げ，先進国における工業製品の輸入数量制限を撤廃した。

3 アメリカのドル危機から金とドルの交換を停止するというニクソン＝ショックが起こり，主要各国は，為替相場を維持するため，スミソニアン協定により，固定為替相場制から変動相場制に移行した。

4 東京＝ラウンドでは，知的所有権の保護，サービスや農産物の貿易をめぐって各国で起こる紛争を処理するため，関税と貿易に関する一般協定（GATT）が締結された。

5 アメリカの貿易収支の黒字が膨張したため，先進5か国蔵相会議（G5）が開かれ，ドル安を是正するために各国が協調するというプラザ合意が成立したが，貿易収支の黒字は解消されなかった。

解説

1 ○ 妥当な記述である。

2 × ウルグアイ＝ラウンドは 1986 年から開催された多角的貿易交渉のことであり，この時点では，まだ WTO（世界貿易機関）は設立されていない。なお WTO は，このウルグアイ＝ラウンドにおける合意に基づき，1995 年に設立された機関である。

3 × ニクソン・ショック（1971 年 8 月）は確かに固定相場制から変動相場制への移行をもたらしたが，各国は一度，固定相場に復帰する協定を結んだことがある。それがスミソニアン協定（1971 年 12 月）であり，スミソニアン協定により変動相場になったのではない。なお，この協定も長続きはせず 1973 年に変動相場へ再び移行した。

4 × GATT（関税貿易一般協定）は 1947 年調印，1948 年に発効した国際貿易協定であり，これに基づき開催されたラウンド（東京＝ラウンド，ウルグアイ

74

● Exercise は章ごとに設定しています。

●解説は，肢ごとに詳細に解説しています。

# 目次

## 第6章　国際紛争



## 第7章　国際関係の理論



● **Exercise**／凡例

過去問の出典は「試験種・出題年度」の順で示しています。

| | | |
|---|---|---|
| 都：東京都Ⅰ類 | 区：特別区Ⅰ類 | 裁：裁判所一般職（大卒程度） |
| 税：国税専門官 | 財：財務専門官 | 国般：国家一般職（大卒程度） |
| 国Ⅱ：旧国家Ⅱ種 | | |

例：（国般平27）→国家一般職（大卒程度）平成27年の出題
　（区　平27教養）→特別区Ⅰ類平成27年教養の出題

# 第1章

## 国際関係概論

この章では，国際関係学を学ぶにあたって理解しておいて欲しい基礎的な概念を学びます。国際関係学においては，様々な言葉を前提にして議論が進みますので，まず本章で扱う言葉の意味はしっかり理解しておきましょう。

重要度
★☆☆

# 1 国際関係学の基礎

本節では，国際関係という科目の概略を学習します。今後学習を進めていくにあたっての基礎となるべきものであり，大枠を示しているものです。細かなことを学習していくうちに自分が何をやっているか見失わないための指標だと思ってください。

## 1．国際関係学の始まり

### （1） 国際関係学（国際関係論）とは

［国際関係とは］

国際関係学（国際関係論）という学問は，**国際社会におけるさまざまな現象を扱う学問**である。さまざまな現象の中には，政治的なこと，経済的なこと，文化的なこと，というあらゆる学問的な内容が含まれている。この学問的な垣根を越えて，学際的に現象を分析するのが，国際関係学の特徴である。

### (2) 国際関係学の始まり

現代的な意味における「国際関係学」が本格的に始まった時期は，19 世紀までの伝統的な外交が崩壊した第一次世界大戦後の**戦間期**であるとされる。第一次世界大戦は，人類の歴史上，それまでに類例のないほどの戦争犠牲者を出した戦争であった。そこで戦後には，一般大衆から「このような過ちを二度と繰り返さないためには，どうすればよいのか？」といった「平和への願望」が生まれ，その切実な民衆感情は，研究者たちに「平和を実現するためには，戦争の原因を特定しなくてはならない」という研究上の動機を与えるに至った。もっともそれまでにも，戦争の原因を考察するような「外交研究」や「戦争研究」などの学問は個別的には存在していた。しかし，第一次世界大戦のような戦争は，政治・軍事といった従来考えられていた枠を越えて，経済などにも関係していたこともあって，より総合的で学際的な学問が求められたのである。このような「平和への願望」と「学際性・総合性の必要」が，現代「国際関係学」という学問を誕生させたともいえる。またこの新しい学問領域は，その誕生の経緯ゆえに，当初は極めて「平和主義的」，「理想主義的」学問であった。

## 2．国際関係のアクター

### (1) アクター（行為体・行動主体）

国際社会における基本的な行動単位のことを，学問上は「**アクター（行為体・行動主体）**」という。国際関係のアクターの種類としては，現在では主権国家，国際機構，脱国家的行為体が認められるに至っている。

① **主権国家**…主権を有する国家のこと。主権国家と認められるためには，最低限，次の３つが必要である。

１）領域（国境で区別された）…領土・領空・領海[1)]

２）国民（領土に定住する）

３）主権（国内における唯一最高の権威を有する政府）…対外的には他国から干渉されない権力，対内的にはその国を統治する権力のこと。

1) 国連海洋法条約により，領土から12海里以内と決められている。これに対して排他的経済水域は，200海里となっている。

② **国際機構**…政府間国際機構のこと。国際連合や欧州連合などのような組織が代表的な例として認められる。

③ **脱国家的行為体**…NGO，多国籍企業のように，構成主体が主権国家の政府以外のものである。

### （2） 国際社会の多様化

今日の国際社会は，多種多様なアクターによる相互作用で成り立っているといえる。これは，従来の国際社会が主権国家によって営まれてきたことに対して，近年「経済のボーダーレス化」と「社会問題のグローバル化」が進んだことによって，もたらされたということができる。「経済のボーダーレス化」は，経済活動が国境と無関係に拡大し，大量のヒト・モノ・カネが世界中を移動するようになったことや多国籍企業の活動によりもたらされ，「社会問題のグローバル化」は，さまざまな国際社会における問題が，国境を越えて近隣諸国に影響を与えることで起こるものである。例えば地球環境問題では，A国から発生した問題がB国にも影響を与えるということがあり，これに対応するために，NGOが監視などの活動を行っている。

## 3．国際社会と国際法

### （1） 国際社会の特質

既に述べたように，国際関係には，新しいアクター（多国籍企業やNGOなど）が登場してきているが，まずもって国際社会とは「地球上を覆う200ばかりの主権国家によって構成されている世界である」と見なされている。言い換えれば，**約200の主権国家の集合体が国際社会**であるということができる。しかしながら，国際社会には，それを取りまとめる「世界連邦政府」や「地球連邦政府」といった**統一的上位権力機関が存在せず**，いわば「**無政府状態**」の**社会**である。にもかかわらず，それを「社会」と呼んでいるのは，「国際社会」がいつも「**無秩序状態**」を**意味してはいない**からである。つまり究極の統治権（政府）が存在しないにも関わらず，一定の「秩序状態（＝「社会」）」を存立させているのが，「国際社会」なのである。

では，なぜ「政府」を持たないにもかかわらず，「国際社会」は「無秩序」に陥らず，「社会」であり続けられるのであろうか。その理由については，多くの論者によれば，「**国際法**」が存在するからであるという。「国際法」とは，主権国家間の関係を取り仕切る規律や約束事である。しかし，「国際法」は一般的に知られる「国内法」（憲法や民法など）とは異なる点がある。第一に，**国際法は主権者の命令であるという体裁をとることができない**。なぜなら，国際社会の全体を取り仕切る究極の上位権力（主権者）が存在しないからである。第二に，上の理由によって，**違反に対する強制のシステムも十分ではな**い。まったく存在しないわけではないが，統一的な上位権力が存在しない以上，それは不十分な段階でとどまらざるを得ないのである。

## （2）　国際社会の存続理由

（1）で述べたように，現実の国際関係は無政府状態である。しかし現実世界では無政府だからといって，常に「万人の万人に対する闘争」（T. ホッブズ）が繰り広げられているわけではない。仮にそのような状況が続くのであれば，ときには自らの存立すらも危うくすることにつながり，いつも自分の利益になるとは限らないためである。

さらに，協力的な関係が継続することによって，共通の利益が生み出される可能性も存在する。誰かに利益をもたらすような関係は，つねにゼロサム関係とは限らないのである。そのようなとき，「国際法」が重要になる。統一的上位権力が存在しないにも関わらず，「国際法」がなにゆえ，多くの主権国家に遵守されているのだろうか。一つの有力な考えによれば，ある国が，国際法を遵守しないで，他の主権国家を裏切り，出し抜いたとしても，国家間の関係が今後も続くことを考えるならば，「裏切りもの」は他の国から信用されず，結果的には損をするからだという説明がなされている。逆にいえば，**長期的視点に立てば，国際法を遵守することによって，結果として利益をもたらすことに**もなると，各国政府の為政者も含めた多くの人々が考えており，そのため，国際法は大概守られてきているのだ，ということができるのである。

なお，国際法には，以下のような種類が認められている。詳細は第５章に譲るとして，ここでは簡単に紹介しておく。

① **条約**…明文，成文の形式を採用している国同士の合意のこと。条約を締結していた当事国のみを拘束するものである。条約は**署名**（調印），**批准**《ひじゅん》という段階を経てはじめて効力をもつ（**発効**）。署名（調印）とは，条約の内容が確定したときに，条約締結の権限をもつ主権国家の代表者（全権代表）が条約の内容を公式に確認した証拠として記名することを指す。一方，批准とは条約の内容について主権国家が最終確認を行い，同意を与えることを指し，通常，議会の承認等を必要とする。場合によっては，署名された条約であっても，当事国の議会等によって否決されることもあり，この場合，条約は有効にならない。

さらに条約は，**憲章**（国連憲章など，多数国間で締結した条約につけられることが多い），**議定書**（基本的な条約に付属して，その内容を補足したり，修正したりするものであることが多い），**宣言**（考えや主張を表明したものにつけられることが多い），**協定**（主として専門的な事項に関わるものにつけられることが多い）など**多様な呼称で呼ばれることがある**。ただし，これらの呼称に特に体系的な基準はなく，**法的には条約として扱われる**。

② **慣習国際法**…明文，成文の形式を採用していない，慣習として認められている不文法形式の国際法のこと。国際社会全体を拘束するとされる。ただし，誰が慣習として認めれば，慣習となるのか，どのくらい皆に認知されれば，慣習法になったといえるのかについては，さまざまな解釈があり，一定していない。

# 第2章

# 国際政治史

この章では，近代国際関係がいつ始まり，そして現在に至るまでどのように変容してきたかを学びます。国際政治史は，後に学習する国際関係理論の土台となります。ですので，歴史の苦手な人でも，最初は大きな流れをつかむつもりで構いませんので，嫌がらずに学習してください。

重要度
★★☆

# 1 近代国際関係の誕生から二つの大戦

この節では，近代国際関係の誕生からその変容を，第二次世界大戦の終わりまで見ていくことになります。主権国家体系がどのようにして誕生し，そして主権国家体系が持ってしまった潜在的な危険性が，どのようにして大戦という形で現れたのかを学習していきましょう。

## 1．17～19世紀の政治史

### （1） ウェストファリア体制

1618年にヨーロッパで勃発した三十年戦争は，48年のウェストファリア条約の締結によって終わりを告げた。この条約によってウェストファリア体制と呼ばれる国際政治体制が成立し，またそのことにより近代的な「国際関係」が始まったといわれる。

●ウェストファリア条約の内容

① アウグスブルクの和議を再確認し，カルヴァン派の信教の自由が認められた。

② 神聖ローマ帝国は，皇帝・7選帝侯・96諸侯・61自由市の連合体となり，各領邦は独立国に近い主権を与えられた。

③ フランスはアルザスの大部分とライン川左岸を獲得，スウェーデンはバルト海沿岸地域を獲得し，両国はドイツ帝国議会への出席権・議決権を認められた。ブランデンブルク（プロイセン）は東ポメラニアンを獲得した。

④ スイスとオランダの独立が承認された。

●西欧国家体系概念の基礎付けとなる三つの要素

① 主権国家体系の成立

西ヨーロッパの中世は，国王権の上位にローマ・カトリック教会が存在し，国王権の下位には，封建諸侯が存在するという，競合的権力関係で構成された世界であった。王権と国家のもとに権力が集中し，単純な権力関係に整理・整頓されるようになったのは，絶対王政となってからである。しかし，西欧全体で絶対王政が隆盛であったときも，ドイツ諸邦では神聖ローマ皇帝と諸侯の競合的権力関係が残存していた。これが解消され，諸邦に独立的な権力が与えられたのは，三十年戦争においてであり，これをもって西欧が主権国家で構成される世界となったといえるのである。

② 国際法の原則確立

オランダの法学者で自然法・国際法を研究していた**H. グロティウス**は，1625年に**『戦争と平和の法』**を著した。グロティウスの生きた世界は，そのまま三十年戦争の世界であり，ドイツ諸邦と神聖ローマ皇帝の権力抗争がカトリックとプロテスタントとの争いと複雑に絡み合う無秩序な世界であった。この無秩序に一定の秩序を回復させようというグロティウスの考えは，かつての「キリスト教が諸国家に優越し，全体を支配するという中世以来の考え」を「主権国家を制約する全体的な規則である国際法という原理」にアレンジし直したものであった。この世界観の中では，主権国家といえども，まったく自由ではありえず，自然法に基づいた万民法という考えが生まれたのである。これが，国際法の原則であり，グロティウス没後のウェストファリア体制成立以降の西欧世界を支える原理となった。

③ 勢力均衡

このようにして主権国家によって構成される西欧国家体系が成立するのであるが，その秩序を維持する仕組みとして考えられたのは，**勢力均衡**という考えである。このころの世界は，すでに哲学や自然科学において，力学的世界観が成立しつつあった。それは中世以来のキリスト教原理がすべてを支配するというものとは違って，構成要素たる部分と全体の関係が何らかの運動法則にしたがって，秩序づけられているというものであった。これを国家と国際社会に当てはめると，各国家間の力が拮抗状態であれば，全体である国際社会では均衡のとれた状態になるというものになる。このような考えの実践としては，すでに中世においてはルネサンス期のイタリア諸都市の国際関係があるが，この三十年戦争以降，近代ヨーロッパ社会の秩序維持の方法として認識されるようになった。

## （2） ウィーン体制

1789年に起きたフランス革命は，周辺諸国の革命への介入を招き，フランス国民には**ナショナリズム**を芽生えさせた。この間，フランスで活躍した**ナポレオン**は，各国の干渉に対抗し，エジプトやイタリア，ロシアなどで戦った。この一連のナポレオン戦争後，ヨーロッパでの秩序を構築するための会議が1814年からウィーンにおいて開催された。翌15年に調印されたウィーン議定書は，大国間の勢力均衡を基本とした復古的な**ウィーン体制**を確立させることになった。また，フランスは革命前の状態に戻すことになった。

### ●ナショナリズムの起源

ナショナリズムとは，「自分が属していると意識しているネーション（国民・民族）について，その独立，統一，発展を最上の価値と考える思考や運動のこと」であり，国民主義とも，民族主義とも訳される。1789年のフランス革命と，それに続くナポレオン戦争を通じて，「フランス国民」としての自覚や愛国心が生まれてきたとされる。それは，中世以来続いてきたキリスト教に基づく普遍的意識や，各地方ごとの住民意識とも異なるものであった。

なお，ナショナリズムは国家形成の志向があるのに対して，国家形成を志向しない民族意識もある。それがエスニシティである。エスニシティとは，「言語・宗教・歴史的経験・共通の祖先や習慣・制度などの文化的な絆で相互に結ばれていると感じる人々の集合体と，そのアイデンティティ」を指す。また，エスニックグループは，エスニシティによって構成される集団であり，既存の国民国家においてはサブカルチャーあるいはサブナショナルを形成する。

これに関連して，エスノセントリズムとは，「民族主義が先鋭化し，異文化を自分の文化というフィルターを通して見ること」で，エスニシティを強く意識しすぎることによって，自分たちだけの利益を追求することが多くなり，誤った認識に陥る現象である。

# 2. 二つの世界大戦

## （1） 第一次世界大戦

**第一次世界大戦**は，1914年にオーストリアの皇太子がセルビアの青年に暗殺された「**サラエヴォ事件**」をきっかけに発生した。この背景には，バルカン半島をその勢力圏に組み入れようとするロシアとドイツの争いがあり，また，3C政策をとっていたイギリスと，3B政策をとっていたドイツとの勢力争いがあった。

戦争は，ドイツ・オーストリア・イタリアの**三国同盟**[1]と，イギリス・ロシア・フランスの**三国協商**という対立構造で行われた。ただし，中立を宣言し，戦争に当初は参加しなかったイタリアは，15年三国同盟から離脱し，三国協商側として参加した。ドイツとフランスの国境付近にできた西部戦線は膠着状態に陥り，また，17年に**ロシア革命**が起こったことによってロシアは離脱してしまい，戦争は長期化したが，ドイツがアメリカ船舶を攻撃したことからアメリカが参戦し，ドイツは国内での革命もあって降伏し，終戦を迎えた。

戦争中，アメリカの**ウィルソン大統領**は主に，秘密外交の廃止，国際平和機構の設立，民族自決などから成り立つ「**14カ条の平和原則**」を出し，これが講和条約の基本原則として採用された。そして1919年に**パリ講和会議**が開かれ，**ヴェルサイユ条約**が締結された。これに基づき，集団的安全保障機構として20年に**国際連盟**が成立した。

## （2） 戦間期

第一次世界大戦終了後から，第二次世界大戦勃発までの間を**戦間期**という。この時期は，1）ヴェルサイユ体制期，2）相対的安定期，3）大恐慌期，4）ファシズム期に大きく分けられる。1）は，敗戦国（特にドイツ）へのヴェルサイユ条約等の強制，ロシア革命によって成立した社会主義と資本主義との対立の発生が起こった時期である。2）は，1924年のドーズ案によるドイツ賠償金支払い計画が実行され，ドイツの国際連盟への加盟承認，不戦条約

---

1）ただしイタリアは，アフリカのリビアをめぐる対立からトルコ，親トルコ的なドイツ，オーストリアと距離を置きつつあった。そこで，密かにフランスと仏伊協商を結び，事実上，同盟からは脱退状態であった。

の調印などの実施によって，国際社会の安定が進んだ時期であるといえる。3）は，29年に発生した大恐慌が発端となり，アメリカの経済が落ち込んだことで，ヨーロッパの経済もその影響を受けて危機に陥った時期である。アメリカは**ニュー・ディール政策**，イギリスやフランスは**ブロック経済**を行った。ドイツやイタリア，日本では**ファシズム**勢力の台頭が見られ，他国への進出により局面の打開を図ろうとし，4）につながっていく。4）は，イタリアにおけるムッソリーニ，ドイツにおけるナチスの台頭とヒトラーによる政権掌握が行われた。

国際連盟は，集団的安全保障の機関として，第二次世界大戦への動きを止めることはできなかった。イタリアのエチオピア侵攻に対しては経済制裁を課したが，効果はほとんどなく，イタリアは脱退してしまい，日本も満州事変に対する非難を不服として脱退，ドイツは1926年に加盟したものの，その後軍備平等権の要求が通らなかったことによって脱退した。ソ連は，34年に加盟が認められたものの，フィンランド侵略により除名された。アメリカも，上院の反対により加盟しなかったため，大国のほとんどが参加しない状態となり，集団的安全保障機構としての役割を果たすことはできなかった。

## （3） 第二次世界大戦

**第二次世界大戦**は，**ドイツのポーランド侵攻**から始まった。この戦争の構図は，枢軸国が，ドイツ，イタリア，日本を中心に構成され，これに対して，反ファシズム連合としての連合国がイギリス，フランスを中心として，後にアメリカ，ソ連が加わることとなる。

戦局は，ヨーロッパ戦線が，当初はドイツの優勢に進んだものの，独ソ戦が始まるとドイツの勢いも衰え，アメリカの参戦によって連合国が優勢となった。ノルマンディー上陸作戦を成功させた連合国軍は，1945年5月にドイツを無条件降伏させた。日本は，真珠湾攻撃によりアメリカを中心とした連合国と戦争になった。当初は優勢に進めてきたものの，ミッドウェー海戦の敗北により連合国軍が反撃へと向かうと支配地域を徐々に失い，沖縄での地上戦，本土への空襲，ソ連の対日参戦，原子爆弾の投下を経て，**ポツダム宣言**[2)]を受諾するに至り，無条件降伏した。

戦後処理は，1945 年 2 月に開かれた**ヤルタ会談**で，ドイツ処理に関する大綱，国際連合設立などが決められた。また 7 月のポツダム会談は，ドイツ問題の処理を決定するとともに，日本の無条件降伏を要求する宣言が出された。これらの会談を通じて，アメリカ・ソ連のイデオロギー対立が徐々に表面化していくことなる。

講和については，統一的な形ではなく，個別に行われた。日本は 1951 年に**サンフランシスコ講和条約**により一部の国を除いて講和が成立した。ドイツは，西側が連合国，東側がソ連により分割占領され，共同統治されることになり，ベルリン封鎖を経て，ドイツは東西に分かれた形で独立することになった。



2）ポツダム宣言は，1945 年 7 月に開かれたポツダム会談で出されたものである。

重要度
★★☆

# 2 冷戦の始まりと終結

この節では，第二次世界大戦後に発生したといわれる冷戦がどのような過程を経て誕生したか，そしてその展開と結果に重点をおいて理解してください。その際にいくつか重要な事件などがあるので一つのターニングポイントとしてセットで覚えましょう。

## 1．冷戦の始まり

### （1） 冷戦の始まり

第二次世界大戦末期から1989年まで行われた，アメリカとソ連によるイデオロギーの対立を，**冷戦（Cold war）**という。冷戦の始まりには諸説ある。

**ヤルタ会談**は，1945年2月，ソ連邦クリミア半島にある保養地ヤルタに，チャーチル・イギリス首相，ルーズベルト・アメリカ大統領，スターリン・ソ連首相が集まって行われた。ヤルタ会談では，第二次世界大戦後のヨーロッパ及び極東の処理をいかにするかが話し合われ，東欧諸国の将来を自由選挙に委ねるべく大西洋憲章の諸原則を確認したり，国際連合創設について基本的に合意したりした。しかしながら，アメリカとソ連の思惑にはずれがあり，イデオロギー的要素は強くなかったものの，その後の取り組みはまったく異なったものとなった。その後，アメリカのトルーマン政権は，ソ連の東欧への影響力拡大をソ連の野心の表れとみなし，一方のソ連は，共産主義的なイデオロギーをもとにして拡張主義政策を肯定し，反資本主義的にアメリカ政府を批判したことで，両者のイデオロギーの対立が鮮明化していった。

［鉄のカーテン］

1946年には，チャーチル前イギリス首相により「フルトン演説」が行われた。この演説では，「バルト海ステッチンからアドリア海トリエステまで，大陸を横切って**鉄のカーテン**が下ろされている」と指摘されている。そして，東ヨーロッパが何らかの形でソ連の影響下に置かれているだけではなく，ますます増大する西側への危険性を述べている。

1947年3月に，アメリカ大統領トルーマンは「**トルーマン・ドクトリン**（トルーマン宣言）」を発表した。これは，世界を自由主義と全体主義に分けて，自由主義を積極的に支援するという方針であり，アメリカが自由主義陣営を支援する必要性を説いたものである。そして，ギリシャとトルコへ約4億ドルの共産主義ゲリラ活動に対抗するための援助を実施することにした。これによって，アメリカは共産主義に対して対決姿勢を明確にしたことになり，実質的にはイデオロギー上の宣戦布告ともいえるようなものであったことから，これを冷戦の始まりと考える場合がある。また，このトルーマン・ドクトリンは，それまでのモンロー主義に基づくアメリカの外交方針の変更を宣言するものでもあった。

さらに，同年6月にアメリカの国務長官マーシャルが「**マーシャル・プラン**

(欧州経済復興計画)」を発表した。この計画は「ソ連・東欧諸国を含む全ヨーロッパ向けの経済援助」であった。しかし，ソ連の受け入れ拒否と指導によって東欧諸国が受け入れをしなかったことにより，西欧諸国のみが受け入れることになった。西欧諸国は**OEEC（欧州経済協力機構）**[3]を創設し，援助受け入れ機関とした。

〈アメリカの対ソ政策〉

| 米の政策 | 年月 | 提唱者 | 目的 | 意義 |
|---|---|---|---|---|
| トルーマン・ドクトリン | 1947.3 | トルーマン大統領 | 共産主義と戦っている自由主義陣営への援助 | 反共政策の明白化・冷戦の開始 |
| マーシャル・プラン | 1947.6 | マーシャル国務長官 | 全ヨーロッパへの経済援助 | 東側の拒否により東西対立の鮮明化 |

ソ連・東欧諸国は，マーシャル・プランに対抗して**コミンフォルム**を創設し，共産党の連携強化と情報交換を行うことにした。また，1949年1月には，**COMECON**（経済相互援助会議）を創設し，経済的な結びつきを強化していった。

〈自由主義陣営と社会主義陣営〉

| 陣営 | 自由主義陣営（西側） | 社会主義陣営（東側） |
|---|---|---|
| 国 | アメリカ，西欧諸国 | ソ連，東欧諸国 |
| 政治的協力 | トルーマン・ドクトリン | コミンフォルム |
| 経済協力 | マーシャル・プラン | モロトフ・プラン |
| 経済協力受入機関 | 欧州経済協力機構（OEEC） | 経済相互援助会議（COMECON） |
| 軍事同盟 | 北大西洋条約機構（NATO） | ワルシャワ条約機構（WTO） |

3）1961年にOECD（経済協力開発機構）に改組され，現在に至っている。

### ●モンロー主義

モンロー主義は，南北アメリカ大陸のことはアメリカ諸国で決め，ヨーロッパのことはヨーロッパで決めることにし，アメリカ・ヨーロッパは相互に干渉し合わないようにするという考え方であり，アメリカの大統領モンローによって提唱されたことからこの名がある。この当時，ヨーロッパ世界では勢力均衡に基づくパワーゲームの国際政治が繰り広げられていた。これは中世ヨーロッパ社会のころとは違い，宗教やイデオロギーなどに基づかず，国益によって国家は行動するという政治ゲームであったが，アメリカは建国してまだ間もない頃であり，このようなゲームに参加する実力も必要性もなかったのである。しかし第二次世界大戦以降，アメリカは国際政治に参加する実力を兼ね備えるに至り，かつゲームのルールは自由主義対社会主義というイデオロギーに基づくものに変更され，そのゲームに参加する必要性も持つに至っていたのである。

## 2．危機と代理戦争

### （1）ベルリン封鎖

第二次世界大戦後，ドイツは西側をイギリス，アメリカ，フランスが，東側をソ連が管理していた。また，首都であったベルリンは，これとは別に4カ国の分割管理となっていた。戦後のドイツはインフレが激しく，英米仏は西ベルリンを含む3カ国の管理地域にマーシャル・プランを適用し通貨改革を実施することにした。ソ連は最後まで反対し，結果として西側3カ国が管理する地域にマーシャル・プランが適用されたことから，1948年6月，ソ連は西ベルリンへの交通を封鎖した。これが**ベルリン封鎖**である。西ベルリンに対して，西側3カ国は輸送機を使って物資を届け，ソ連と対決する姿勢を見せた。直接の戦闘に踏み切れないソ連は，封鎖による解決を断念し，翌年5月，封鎖を解除した。この後，ドイツの分断は決定的になり，翌49年9月から10月にかけて，東西ドイツがそれぞれ独立した。

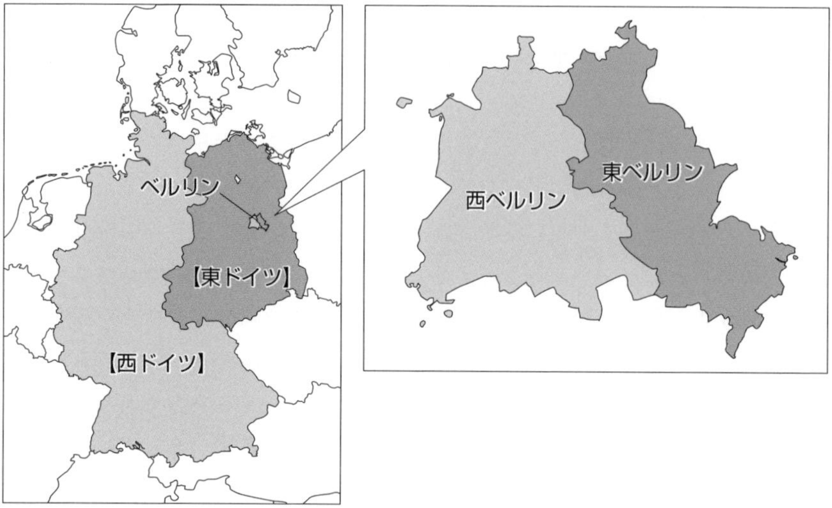


［東西ドイツとベルリン］

## (2) ベルリンの壁

ベルリン封鎖が解かれた後，東ベルリンから西ベルリンへの亡命が相次いだ。東ドイツ政府は，1961年に西ベルリンを取り囲む壁，いわゆる**ベルリンの壁**を建設し，物理的に亡命を阻止する手段に出た。この結果，亡命者数は減り，分断は一層固定化されることとなった。

壁の建設後，72年に東西ドイツ間の基礎条約が締結されたことで，相互の政府承認が実現し，73年に国連への同時加盟が実現した。また，89年には人的往来の規制緩和がなされたことから，ハンガリー経由で東ドイツ市民の亡命が相次いだ。さらに民主化の動きは進み，同年11月，分断の象徴であったベルリンの壁は崩壊した。90年7月の東西ドイツ間の通貨統合を経て，10月に東西ドイツは統一された[4]。

4）西ドイツ基本法に基づき，東ドイツが西ドイツに吸収される形で実施された。

### （3） インドシナ戦争

第二次世界大戦後，日本の敗戦を機に，インドシナ半島では**ホー・チ・ミン**が率いるヴェトナム独立同盟（ヴェトミン）が独立宣言を行った。これに対して旧宗主国の**フランス**は，再度植民地化するために進駐し，バオ・ダイ帝を擁立して，ヴェトナム国を作った。このため，両者によって武力衝突が起こった。これが**第一次インドシナ戦争**である。フランスは，北部最大の拠点であるディエン・ビエン・フーで敗北したことから和平会談を進め，1954 年に**ジュネーブ会談**において和平条約を締結し，インドシナから撤退した。この際，フランスを支援していたアメリカは会談には参加していたものの和平条約には調印せず，南部はヴェトナム共和国として，アメリカの後押しを受けて反共路線を進むことになった。この結果，北部のみがヴェトナム民主共和国として独立し，ジュネーブ協定に盛り込まれた統一のための選挙も北部でのみ行われ，南部では実施されなかった。南北が分断された状態になったため，後に第二次インドシナ戦争（ヴェトナム戦争）が起こることになる。

### （4） ヴェトナム戦争

ジュネーブ協定によって南北が北緯 17 度線で分断された後，北は社会主義の**ヴェトナム民主共和国**（**ホー・チ・ミン首相**）が成立し，南は反社会主義の**ヴェトナム共和国**（ゴ・ジン・ジェム大統領）となった。ジュネーブ協定では，選挙実施が決定していたにもかかわらず，もともと北側での自由選挙を疑っていたヴェトナム共和国および支援していたアメリカは，選挙実施そのものを拒否したため，南北の分断が固定化されることとなった。

南北分断が固定化されたヴェトナムのうち，ゴ・ジン・ジェム大統領の南ヴェトナムは，民主主義とは言いがたい独裁政権であり（反社会主義だから，アメリカは支援した），腐敗が一層進んでいくことになった。そのため，政権に反発する民主化運動が活発化していくことにつながった（1960 年，**南ヴェトナム民族解放戦線**が結成。ちなみに，この南ヴェトナム民族解放戦線は，最初は中立の独立を求めるものであったが，後のヴェトナム戦争活発化によって，北ヴェトナムの命令を受ける機関へと変貌していく）。

南ヴェトナム解放戦線（以後，解放戦線）はついに，政権に対してゲリラ戦を展開することとなり，政権は南ヴェトナム軍を投入しても駆逐できない事態に至った。そのため，1962年に南ヴェトナムの後援者である**アメリカのケネディ政権は軍事顧問団の名目で1万6000人もの兵員を派遣し，南ヴェトナム軍を支援するに至った**。しかし，それでも状況は好転せず，南ヴェトナム軍は解放戦線に対して敗北を続ける一方であった。さらに，ケネディ大統領がアメリカのダラスで暗殺されると（63年），後継の**ジョンソン大統領はヴェトナムへの派遣軍を増員して，南ヴェトナム軍に代わって，アメリカ軍が解放戦線と対決することを決定**，対決の構図は，南ヴェトナム軍対解放戦線から，アメリカ軍対解放戦線へと変わっていった。

続いて64年には，北ヴェトナム・トンキン湾にて，アメリカ軍の駆逐艦が北ヴェトナム軍の魚雷攻撃を受けるという「**トンキン湾事件**」が発生した。この事件は，アメリカが北ヴェトナムの領海を3海里（約5.5km）と判断していたのに対し，北ヴェトナム側は12海里（約22km）と主張していたことの違いから発生したものであるが，この事件を受けて，（もともと北ヴェトナム側と解放戦線の関係を疑っていた）アメリカが北ヴェトナムへの爆撃を開始した（**北爆**）。ここに至って，南北ヴェトナムすべてを巻き込む戦争へと突入していった。またこの北爆を受けて，北ヴェトナム側は解放戦線に支援増強し，合流で対抗，ジャングルでのゲリラ戦を展開するようになった。このため，アメリカ軍はジャングルの樹木を枯らしてしまう「**枯葉剤**」の空中散布をするなど，戦争は泥沼の様相を呈するようになった。

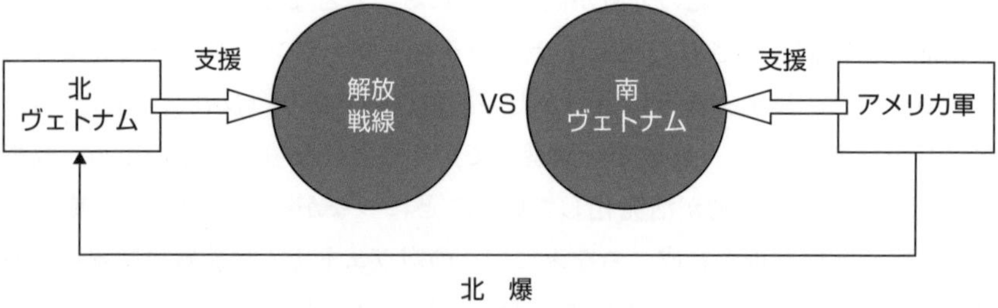


［ヴェトナム戦争の構図］

このように戦線が長期化している状況の中で，南ヴェトナムの首都サイゴンのアメリカ大使館が解放戦線により一時占拠される事件が発生した。この事件の途中経過は，アメリカでテレビ報道されたため，アメリカ国内では厭戦気分が蔓延した。そのため北爆は中止され，アメリカ軍は撤退，ヴェトナムは北側によって統合される形で，戦争は終結した。

### （5）　朝鮮戦争

第二次世界大戦の際に日本に植民地化された朝鮮半島では，日本の敗戦により北緯 38 度線を境に北部はソ連が，南部はアメリカが，それぞれ日本軍の武装解除を行った。その後，国連の決議に基づき統一政府を作るための選挙が実施されたが，北部では行われずに南部でのみ行われ，1948 年 8 月に大韓民国（韓国），9 月に朝鮮民主主義人民共和国（北朝鮮）という南北で異なる国家が成立することになった。

1950 年 6 月，**北朝鮮が南侵**したことで，**朝鮮戦争**が始まった。劣勢に追い込まれた韓国軍を支援すべく，アメリカは国連安全保障理事会において，中国代表権問題[5]でボイコットしていたソ連不在のまま，国連軍派遣決議を採択させ，アメリカ軍を中心とした**朝鮮国連軍**[6]の派遣を行った。釜山《プサン》周辺まで押し込まれていた韓国軍は，国連軍の支援を得て北緯 38 度線を越えて中国国境近くまで押し返したが，中国義勇軍の参戦により，再び北緯 38 度線付近まで押し戻された。その後は一進一退の攻防が続き，膠着状態となった。このため，53 年 7 月に**休戦協定**が結ばれ，休戦状態のまま現在に至る。

その後の動きとしては，1991 年に南北両国が国際連合に同時加盟し，また，2000 年には南北首脳会談が朝鮮戦争後初めて平壌《ピョンヤン》で行われた。

南北首脳会談は 2007 年にも行われるが，それと前後して北朝鮮が弾道ミサイルの発射実験や核実験などを行ったため，国連安保理が制裁を行うなどし，南北関係は一時期停滞した。しかし，2018 年には 4 月，5 月，9 月と断続的に南北首脳会談が行われた。さらに，米朝首脳会談が 2018 年 6 月にシンガポールで，2019 年 2 月にヴェトナムのハノイで行われた。

---

5）国共内戦後の1949年に大陸で中華人民共和国が建国宣言をしたことにより，国連代表権を当時持っていた中華民国政府（台湾に移動）とどちらが正当な政府であるかについて論争となった問題である。

6）本来の国連軍は，特別協定を国連加盟国と結ぶことによって各国の戦力を供出してもらい，指揮権は国連に委ねられるものであるが，朝鮮国連軍は暫定的にアメリカに指揮権を委ねており，変則的な形で派遣された。そのため，正規の国連軍とは見なされない。



国際政治史

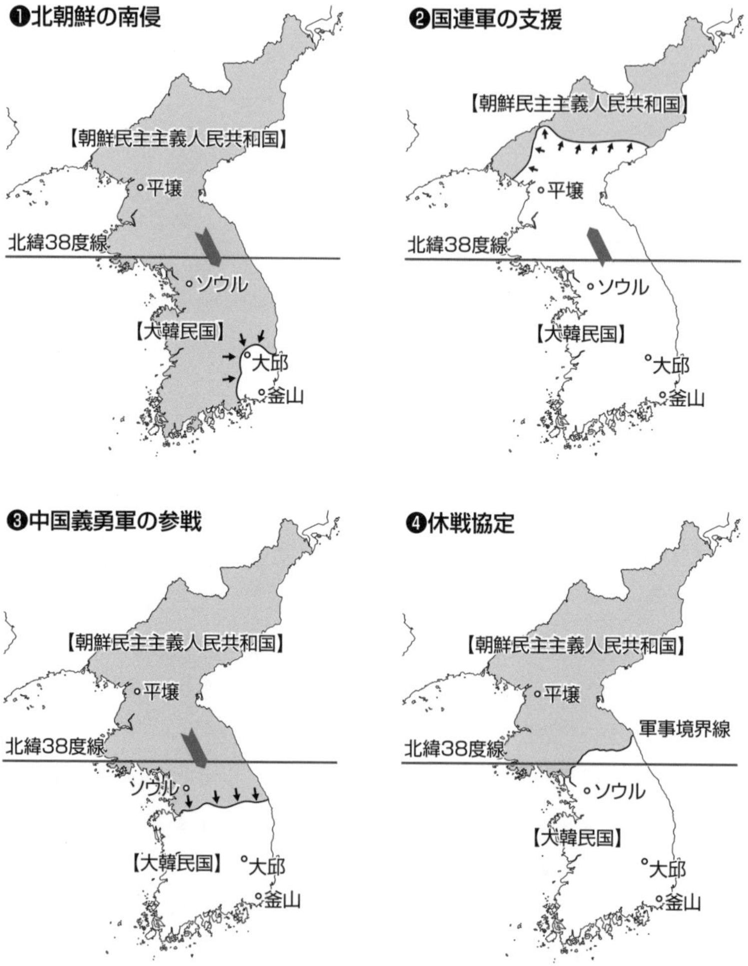
❶北朝鮮の南侵
【朝鮮民主主義人民共和国】
平壌
北緯38度線
ソウル
【大韓民国】
大邱
釜山
❷国連軍の支援
【朝鮮民主主義人民共和国】
平壌
北緯38度線
ソウル
【大韓民国】
大邱
釜山
❸中国義勇軍の参戦
【朝鮮民主主義人民共和国】
平壌
北緯38度線
ソウル
【大韓民国】
大邱
釜山
❹休戦協定
【朝鮮民主主義人民共和国】
平壌
軍事境界線
北緯38度線
ソウル
【大韓民国】
大邱
釜山

［朝鮮戦争の戦局の推移］

## 3．緊張緩和と冷戦終結

### （1） 雪解けとデタント

1953年にソ連の指導者であったスターリンが死去し，米ソの対話ムードが高まっていく。55年にはジュネーブ4巨頭会談（アメリカ・ソ連・イギリス・フランス）が行われ，米ソともに核戦争を望んでいないことが確認された。この動きにさらに拍車をかけたのが，スターリンの後継者である**フルシチョフ**が56年に「**スターリン批判**」演説を行ったことである[7)]。スターリンの行った個人崇拝や粛清などを批判したこの演説の中で，フルシチョフは核戦争に替わるただ一つの選択肢として「**平和共存**」政策を訴えた。平和共存とは，「社会主義体制をとらない国々とも軍事衝突に至らずに共存しうるし，またそうするべきである」とするソ連の外交政策の基本原則である。これにより，アメリカとの関係修復が目指され，両国の対話ムードをより高めることになった。ただし，この演説によってハンガリー動乱が発生した。**ハンガリー動乱**は，ソ連の支配に不満を持つ市民が起こした民衆蜂起である。ソ連は軍事介入を行うも失敗し，ワルシャワ条約機構からの脱退・中立化を求めるナジ・ハンガリー首相と対話を続けた。改革派のナジ政権が交代することによって改革の勢いが終息したことで，ソ連はハンガリーを支配下に留めた。これにより，社会主義陣営が一枚岩ではないことが明白となった。また，西側諸国はこの動乱に対して，積極的な行動を起こさなかった。こうした一連の動きは，米ソの緊張が少し和らいだことから「**雪解け**」と呼ばれる。

「雪解け」は長く続かなかった。59年に発生したキューバ革命[8)]後，キューバ政府はアメリカ資本の国有化を行ったことから，アメリカが反発し，ソ連がキューバへ援助を行うようになった。また，60年のソ連によるU 2型偵察機撃墜事件，61年のベルリンの壁建設といった事件により，両国の緊張は再び高くなっていった。それに輪をかけたのが，62年に発生した**キューバ危機**である。キューバ危機は，当初ソ連がキューバには攻撃用ミサイル基地を建設し

---

7）フルシチョフの演説は，第20回ソ連共産党大会中，「秘密報告」として行われていたが，これをCIA（中央情報局）から入手したアメリカ国務省が発表した。この「スターリン批判」は，スターリン主義を信頼，参考にしていた同じ共産圏の中国との軋轢を生むこととなり，のちの中ソ対立，さらにはキッシンジャー外交へとつながっていく。

8）1959年，カストロを中心としたゲリラ軍が，バティスタ独裁政権を打倒したことによる革命。カストロは間もなく社会主義化政策を推進し，キューバ革命も社会主義革命であると宣言した。これに対してアメリカは，1961年キューバとの国交を断絶し，対決姿勢を強めていった。

ない旨宣言したにもかかわらず，62 年に建設が進められていることが確認されたために発生したものである。**ケネディ**米政権は，**海上封鎖**によって基地建設を阻止しようとした[9]。一触即発の事態にまで進んだが，ソ連が譲歩して建設を断念することでこの危機は終息した。この危機後，アメリカとソ連は両国首脳が直接対話をできるように**ホット・ライン**を設置した。

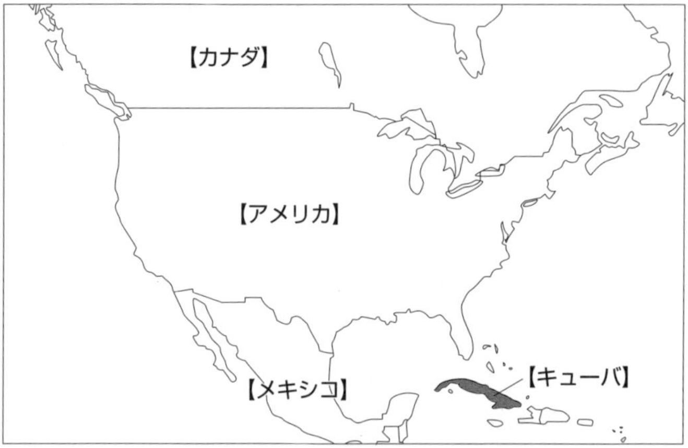


［キューバとアメリカの位置関係］

アメリカとソ連がキューバ危機の後にホット・ラインを設置したことは，**信頼醸成措置**[10] の端緒とされる。こうしたことに代表される両国の緊張緩和の動きを「**デタント**」という。最初にデタントと称したのは，フランスのド・ゴール大統領であった。1960 年代から 70 年代にかけて，核軍縮交渉などが進み，直接的な対立も起こらなかったことで，このように称される。この背景には，ヴェトナム戦争によって財政状況が悪化したために軍拡のための予算が限定されてきたアメリカと，経済が停滞してきたソ連との，両国の思惑が一致したことにも起因しているといえる。

しかし，1968 年にチェコスロバキアで始まった「プラハの春」と呼ばれる

9）ミサイル基地建設の資材を運んでくる船舶を，キューバに近づけないということ。　10）信頼醸成措置（CBM）とは，潜在的・顕在的に敵対しあう国家間の誤解に基づく武力紛争の発生を防止するための諸措置を指す。意思伝達回路改善，軍事情報の交換，軍事予算の相互削減など，さまざまな種類がある。

民主化運動は「反革命」としてソ連らに非難され，ワルシャワ条約機構軍が軍事介入して押しつぶしたように，ソ連にとって対米関係と対東欧諸国との関係は異なるものであった。

さて，69 年に成立したニクソン政権で外交を担当したキッシンジャー[11] は，ヴェトナム戦争などで冷えたソ連との関係を改善するために中ソ対立を利用した。中ソ対立とは，スターリン批判により路線の違いが明白となった中国とソ連の関係を指す[12]。71 年からアメリカと中国の関係改善を図る動きを本格化させ，72 年にニクソン大統領が訪中して「**米中和解**」が達成された。

## （2）　非同盟運動

第二次世界大戦後に独立したアジアやアフリカの国々のなかには，東西いずれの陣営にも属さず，その同盟に対抗することを標榜する国があった。こうした考え方を**非同盟主義**と呼び，その考え方によって行われた運動のことを**非同盟運動**という。この推進役としては，ネルー（インド），チトー（ユーゴスラビア），ナセル（エジプト），スカルノ（インドネシア）らがいる。この動きは，54 年のネルーと周恩来による「**平和五原則**」を踏まえて，翌年の**アジア・アフリカ会議**（バンドン会議）で「**平和十原則**」が採択されることによって，より進んだように見えた。その後，アジア・アフリカ会議は，内部での確執が問題となり，61 年**非同盟諸国会議**（ユーゴスラビア）がその役割を引き継いでいる。非同盟諸国会議では，25 カ国の代表を集めて開催され，米ソ陣営への不参加，核兵器の廃止，反植民地主義，外国軍基地の撤去などが提唱された。また，67 年には **G77**（77 カ国閣僚会議）が開催されている。これは，64 年の第 1 回国連貿易開発会議（UNCTAD）で形成された発展途上国のグループのことである。現在では，100 カ国を超える参加がある。

---

11）キッシンジャーは，元はハーバード大学教授であり，主にヨーロッパの勢力均衡外交の研究をしていた。ニクソン政権で外交の責任者として迎えられ，その研究成果が実際の外交に反映されるに至った。これをキッシンジャー外交という。中ソ対立を利用した外交は，米・ソ・中の三極の勢力均衡を目指したものであり，アメリカの伝統的な外交とは大いに異なるものとなった。
12）1950 年代後半にはイデオロギー対立が明白化し，1969 年には珍宝島（ダマンスキー島）事件という軍事衝突が発生した。

●**平和五原則**（周恩来・ネルー会談，1954 年）

1）領土・主権の相互尊重，2）相互不可侵，3）内政不干渉，
4）平等互恵，5）平和的共存

●**平和十原則**（アジア・アフリカ会議の最終声明，1955 年）

1）基本的人権および国際連合憲章の目的と原則の尊重
2）すべての国家の主権および領土保全の尊重
3）すべての人種の平等および大小にかかわらず，すべての諸国民の平等の承認
4）他国の内政に対する干渉を止めること
5）国際連合憲章に従い，個別的または集団的に自国を防衛する諸国民の権利の尊重
6）(a) 集団的防衛機構を，いかなる大国の特殊利益のためにも用いないこと
(b) いかなる国も，他国に圧力をかけないこと
7）いかなる国の領土の安全，政治的独立に対しても，侵略行為，侵略の威嚇あるいは力の使用をさけること
8）あらゆる国際紛争を交渉，調停，裁定あるいはその他国際連合憲章に従って関係国が選択する平和的手段によって解決すること
9）われわれの共通の利益と協力の推進
10）正義と国際的義務の尊重

●**非同盟の定義**（ベオグラード非同盟諸国政府首脳会議準備会議，1961 年）

1）異なった政治・社会体制のもとにある諸国間に，平和的共存に基づく自主的政策をとっているか，そのような政策を実施する意思を示すこと
2）民族解放運動を無条件に支持すること
3）諸国家間の対立との関連で締結された多国間軍事同盟に加盟しないこと
4）二国間軍事条約を締結し，または地域防衛条約に参加する場合でも，それが大国の対立との関連で締結されたものでないこと
5）外国に軍事基地を提供する場合でも，それが大国間の対立との関連でな

されたものではないこと

### (3) 新冷戦と冷戦の終結

1979年に起こった，**ソ連によるアフガニスタン侵攻**により，デタントは終わった。これにより，80年のモスクワ・オリンピックを西側諸国がボイコットし，84年のロサンゼルス・オリンピックでは東側がボイコットするなど，アメリカとソ連との緊張の度合いが再び高まり，また，東西の軍事バランスが崩れることを懸念したアメリカ上院が，戦略兵器制限条約（SALT）の批准を拒否したりもした。こうしてデタント後に起こったアメリカ・ソ連間の緊張を「**新冷戦**」と呼ぶ。アメリカのレーガン大統領は，83年に「スター・ウォーズ（計画）」演説でSDI（戦略防衛構想）を取り上げたりもしている。

しかし新冷戦は，85年にゴルバチョフがソ連共産党書記長に就任し，ペレストロイカ（改革）やグラスノスチ（情報公開）を行い，新思考外交[13]を打ち出すことで徐々に緊張は解けていったため，終わりを告げる。こうして「**新デタント**」の時代に入っていく。この時期の出来事としては，INF全廃条約調印，戦略兵器削減条約（START）交渉，アフガニスタンからのソ連軍撤退決定などがある。さらに，88年の「新ベオグラード宣言」でブレジネフ・ドクトリン（制限主権論）が放棄されたことにより政治・経済改革が容認され，「選択の自由」が認められたことで，東欧の民主化が進んだ。

そして，89年に**マルタ**共和国におけるアメリカとソ連の首脳による「**冷戦終結宣言**[14]」が出されたことにより，冷戦は終結した。91年12月にはこの年の夏に起きたクーデタの余波もあってソ連が崩壊し，バルト三国を含めて[15] 15の共和国に分かれて独立した。イデオロギー対立として行われた冷戦構造は，一方の当事者であるソ連が崩壊したことで，名実ともに終わりを告げたといえる。



13）イデオロギー偏重の対外観や世界戦争観を放棄し，人類共通の課題に取り組むとともに，特に西側との相互依存と経済協力を進めて，国際的な緊張緩和を目指したものである。

14）第二次大戦後体制のはじまりとなった「ヤルタ会談」とセットにされて「ヤルタからマルタへ」などと称されることがある。

15）バルト三国はこれよりも前に独立していた。

重要度
★★★

# 3 日本外交史

この節では，日本外交史を学びます。開国から，近代化に向けて歩み出した日本が，列強と肩を並べるまでに至った過程，そしてその後の敗戦と国際社会への復帰を見ていくことになります。

## 1．戦前の外交史

### （1） 開国と近代国家への動き

1853年，浦賀にアメリカ太平洋艦隊のペリー提督が来航し，翌54年にペリーは幕府と**日米和親条約**を結び，それまでの鎖国政策が終わりを告げた。その後アメリカ領事のハリスと58年に**日米修好通商条約**を結んだ。幕府はこれを機に，西欧諸国と次々に条約を結んだ。幕府は攘夷を実行しようとしたが果たせず，国内では薩摩藩や長州藩が西欧諸国と戦争を行い，その実力を知るや直ちに武器を西洋式に改め，イギリスなどと結びつきを強めていった。徳川慶喜が大政奉還を行ったものの，同時に朝廷から討幕の詔勅が出されたために戊辰戦争が始まり，函館戦争まで続いた。

薩摩・長州・土佐・肥前の各藩は，明治新政府の方針を決めていったが，この時期の外交には三つのポイントがある。一つ目は幕末に結ばれた不平等条約である。これは治外法権，あるいは領事裁判権を認めたことと関税自主権がなかったことである。これを改正するために，政府は岩倉具視を中心とした遣欧使節団を派遣して諸外国の理解を深めるとともに交渉に当たったが相手にされなかった。日本が欧米並みの国家制度を持つようになったことを認めさせるために，鹿鳴館で毎夜ダンス・パーティーが開かれたといわれるのは，こういった状況を少しでも好転させる思惑があったためである。

二つ目は日本の安全保障に関する方針である。これは，朝鮮半島を武力で支配下に収めることにより日本の安全を確保する立場である征韓論と，先に国内の政治の安定を優先するという立場に分かれていたことである。前者は西郷隆盛らが，後者は大久保利通らが唱えていたが，結局征韓論は敗れ西郷らは下野した。西郷が西南戦争の中心となりそれが武力による最後の抵抗であった。

三つ目は国境線の画定である。北は1855年に日露和親条約で択捉島以南を日本領とすることが決まっていたが，樺太については日本とロシアの共同統治状態にしておき，現状を優先したものとなった。その後両国住民間で争いごとが起こり，75年樺太・千島交換条約で樺太をロシア領，千島列島を日本領とすることに合意した。南の小笠原諸島は日本の領土であると宣言した際に各国から反対はなく確定した。西の琉球は清国と薩摩藩と両方に朝貢していたが，日清戦争を機に日本に帰属した。



## （2）　日清・日露戦争

日清戦争開戦直前，陸奥宗光外相のときにイギリスと日本は日英通商航海条約で**治外法権の撤廃**に合意した。他の国々も同様の条約を結んでいき，この点の不平等は改定された。ちなみに1911年の通商航海条約で**関税自主権の回復**にも成功した。

治外法権が撤廃される少し前に朝鮮半島では**東学党の乱**が起きており，朝鮮政府は乱鎮圧のために清国政府に軍の派遣を要請した。日本は朝鮮半島への影響力を強めることを狙っており，1885年の天津条約に基づいた清国からの通告により後れを取ったと判断した日本陸軍は共同出兵を試みるが成功せず，ロシアやイギリスが調停を行おうとしたものの失敗した。日本政府は清との開戦もやむなしと判断するに至り，94年7月に**日清戦争**が開始された。翌年日本の軍事上の勝利は決定的となり，李鴻章と伊藤博文首相・陸奥宗光外相との間で**下関条約**が結ばれた。日本はこの条約で，遼東《リャオトン》半島の獲得，台湾などの割譲，賠償金約2億テール[16]，新通商航海条約の締結，最恵国約款の確定を得た。ロシアは以前から遼東半島を狙っており，フランスとドイツがともに干渉をしてきた。日本は他国を誘って対抗しようとしたが失敗し，そのような**三国干渉**を受け入れた。この経験は政府首脳に対して，対外的な問題に対処していくにあたり，日本を国際的な孤立に陥れないよう列強との協調を図ることを配慮させるようになった。

1899年に発生した**義和団の乱**は，北京を包囲するほどの力を持っていたが，列強が共同で軍隊を派遣したことで鎮圧された。清国政府が賠償金を払うこと

16）約3億円。この賠償金が日本の金本位制の確立と官営八幡製鉄所設立に用いられた。

で列強は撤兵したが，ロシアは撤兵せず日本やイギリスはロシアに対する警戒心を強めた。その結果，1902年に**日英同盟**[17]が締結された。イギリスはそれまで「栄光ある孤立」政策を掲げていたが，ロシアの南下・極東政策に懸念を抱いており，日本は朝鮮半島や中国における租借地に対しての影響力拡大を懸念していたため，両国の利害が一致したのである。ロシアの側は露仏協商があり，三国干渉の折りにドイツとの友好関係もあったことから，イギリスは自国の利益を守るために後発の日本を引き入れたことになる。

1903年になると陸軍から対ロシア戦の話が出てきたが，政府は回避することを考えていた。外交交渉が続けられたが失敗し，1904年**日露戦争**は開始された。奉天会戦と日本海海戦での日本の勝利により戦局はほぼ決定した。アメリカのセオドア・ルーズベルト大統領の斡旋により**ポーツマス講和会議**が開かれ，遼東半島の租借権譲渡と長春～旅順間の鉄道権益[18]，南樺太割譲という内容で決着した。朝鮮半島の保護権も得たことで介入を強め，10年に韓国を併合した。列強，特にアメリカは，日本に対して門戸開放・機会均等[19]を訴えてくることになる。日本は満州鉄道の経営を単独で行うようにし，この要求を受け付けないようにした。ただし，日清戦争で支払われた賠償金が今回はなかったため，日比谷公園で反対集会が開かれ，交番などの焼き打ち事件が起こった。

日露戦争後の日米関係は，移民問題の拡大化と，建艦競争が起こったがこれは互いに相手の海軍力を脅威と見ていたことによるものである。日露関係はアメリカの満州への経済進出があって協力するようになっていった。日英関係は日米関係が悪化していったこともあってイギリスが日米戦に巻き込まれることを懸念し，日英同盟にアメリカとの戦争は含まないように変えられた。

## （3） 第一次世界大戦

**サラエヴォ事件**によって始まった**第一次世界大戦**に，日本は日英同盟を理由として参戦することとなった。ドイツに対して宣戦布告を行い，山東《サントン》半島，膠

---

17）日英同盟は，直接的な攻守支援の内容を含めてはいないが，日本初の軍事同盟である。　18）1906年，日本はこの鉄道をもとにして南満州鉄道株式会社を設立し，資源開発と商品を販売するルートとして用いた。　19）アメリカは1899年から中国の門戸開放を提唱している。日露戦争の講和会議を斡旋したのも，ロシアが排他的な政策をとろうとしていたことによるものと見られている。

州湾，青島《チンタオ》にあったドイツの基地を攻め，南洋諸島のドイツ領にも攻撃をかけて，軍事占領した。1915年には中国政府[20]に対して**二十一カ条の要求**を出しており，アメリカの反対を無視してそのほとんどを認めさせた。19年に行われた**パリ講和会議**は敗戦国を抜きにして行われた。その会議の過程で日本はアジアの大国として認められ，五大国としての位置を与えられたのである。日本は国際連盟の創設には積極的に加わらず，ドイツ権益の領有について関心を強めていたため，中国におけるドイツ権益を強引に継承した[21]。このため，中国では反日感情を強く刺激し**五・四運動**[22]が起こった。



### （4）　ロシア革命の影響と戦間期の軍縮条約

1917年，ロシア革命が始まり，レーニンらによる社会主義政権が成立した。まだ第一次世界大戦は終了していなかったが，イギリス・フランスではすぐにこの革命への介入をすべしという意見が出ていた。日本も陸軍でこのような意見が出たがすぐさまの介入はされなかった。しかし，チェコスロバキア軍がロシア側の東部戦線からフランス側の西部戦線へシベリア鉄道経由[23]で移動していく途中でドイツ・オーストリア兵の捕虜とすれ違い，その際に武力衝突が発生した。これにボリシェビキ政権が介入したことで事態は拡大していった。海外への報道がチェコスロバキア軍の危機として報じられ，18年，日本はアメリカ軍と共同で**シベリア出兵**を行った。反革命行動への両国の思惑や，限定的介入を考えていたアメリカと勢力拡大を考えていた日本との違いもあり，実質的な効果は上がらなかった。やがて反革命政権も倒れ，イギリス・フランスのシベリア出兵が中止され，アメリカも20年に撤退した。日本は22年まで継続した。

日露戦争以後，日米間で建艦競争が始まっていたが，この競争は多大な財政的支出を伴うものであり，経済が停滞している時期には負担軽減が望まれた。こうしたことを背景に，1921年に海軍軍備制限について話し合う**ワシントン会議**が開催され，ワシントン海軍軍縮条約が結ばれた。海軍の主力艦について制限が加えられ，米：英：日の比率が5：5：3となった。また，この会議では

---

20）1911年に辛亥革命が起こっており，清王朝から中華民国になっている。　21）南太平洋諸島は，国際連盟の委任統治領となった。　22）山東の利権は1922年の条約で返還された。また，朝鮮半島では同じ年に**三・一独立運動**が起こっている。　23）ドイツの支配地域を通過するわけにいかず，シベリア鉄道でムルマンスクを通って船で迂回する計画であった。

各国の中国政策についても話し合いが行われ，九カ国条約が結ばれた。これは中国の独立と主権の尊重，門戸開放と機会均等が認められ，会議全体としてはアメリカ外交の勝利といえる。その後，日本は**幣原《しではら》外交**と呼ばれる時期に入った。幣原外交は中国への内政不干渉，軍事力の展開に対する慎重な態度，アメリカ・イギリスとのワシントン体制を維持するという国際協調主義がその中心的な内容であった。25年**日ソ基本条約**を結び，ソ連と正式に国交を成立させたことも，その成果といえる。

幣原の後は田中義一が首相兼外相となった。もともと陸軍大将である田中は中国へ積極的に関わっていく。山東出兵がその最たるものであり，日本の権益を守るためには軍事力の行使をためらわなかった。さらに，1928年に**張作霖爆殺事件**が起こり，満州方面における特殊権益を何としても確保しておくという姿勢が見られた。続く浜口雄幸内閣では30年に**ロンドン海軍軍縮条約**が結ばれた。これは日本・アメリカ・イギリスの間で補助艦の保有量を制限したものである。米：英：日の大型巡洋艦が10：10：6，小型巡洋艦で10：10：7と決まった。海軍はこれに反対し，後に統帥権干犯問題が発生，浜口は右翼青年に襲われた傷がもとで死去した。しかしながら，海軍の軍備制限に対して不満を持っていた一部は政府を動かし，34年にワシントン海軍軍縮条約を破棄させるに至った。

## （5） 満州事変

1929年に**世界恐慌**が発生し，アメリカは保護主義に，イギリスやフランスはブロック経済によって対処しようとした。日本国内では昭和恐慌と金融恐慌により経済的には逼迫していた。これに世界恐慌が追い打ちをかけて，日本の輸出産業はことごとく不振に陥った。加えて南京の国民政府は諸外国の権益撤廃などを打ち出し，満州においては鉄道路線を敷こうとしたため，日本の関係者は危機感を強めて関東軍[24] の参謀たちを中心に**満州事変**が計画された。31年，**柳条湖事件**[25] を中国側の攻撃としたことで，関東軍はこの地域を占領する。政府の不拡大方針は無視され，軍は満州全土を支配下に収め，政府が追認

24）関東軍とは，1906年設置の関東都督府の陸軍部が1919年に改編されたものである。　25）柳条湖近くで鉄道が爆破された事件。

する結果になった。

32 年，満州は清朝最後の皇帝溥儀を執政とする**満州国**となり，日本は日満議定書を取り交わした。国際社会は，この事変を日本の仕業と見ており，中国の要請に基づき**国際連盟はリットン調査団を派遣**した。その報告書では，日本の満州政策の全面的否定，満州国の存在否認，日本の権益尊重と自治の発達勧告を盛り込んでいた。日本では満州に対する政策を否認されたという点から不満が多かった。国際連盟ではこの報告書をもとにして決議案を作成し日本のみが反対した。これを機会に**日本は国際連盟から脱退**し，日本の国際社会における孤立は進んでいった。



## (6) 日独伊三国軍事同盟

日本は国際連盟を脱退したが完全に孤立したわけではなかった。ソ連とは満州国へ鉄道の売却を行い，イギリスとの間には再度条約を結ぼうという動きがあった。しかしながら結実せず，ドイツ・イタリアとの間に外交関係を作っていくことになる。日本が国際連盟を脱退した年，ドイツも脱退した。日本は対ソ戦を考慮しドイツとの提携関係を模索した。反共で一致した日独両国は，ソ連の共産主義からの影響力を防ぐという目的で合意し，1936 年に**日独防共協定**が成立した。これにより日ソ間の関係は悪化し，**ノモンハン事件**という軍事的な衝突が起こった。ドイツはムッソリーニ伊政権との間で枢軸提携をしており，日本はドイツを通してこの枢軸側に入ることになった。39 年**独ソ不可侵条約**を結んだドイツはポーランドに侵攻し，フランスを降伏させた。日本はこのドイツの成功を見て，フランス領があった南方進出を考えていく。さらには，松岡外相の下で 40 年**日独伊三国軍事同盟**が東京で結ばれた。松岡は三国同盟でアメリカを抑制できると考えたようだが実際には反発を受け，日米関係は厳しい方向へと向かっていった。松岡はソ連を入れた四カ国同盟を模索したが失敗し，ソ連との間には中立条約が結ばれた。

## (7) 太平洋戦争

日本は中国大陸で 1937 年の**盧溝橋事件**から戦争状態に入った。いわゆる**日中戦争**である。華北での地域的争いから徐々に南部へ拡大していき，全面戦争へと発展した。「国民政府を対手とせず」という**近衛声明**は和平交渉の道を閉ざすものであった。38年に出された「東亜新秩序」建設の声明も戦争の終結には何の役にも立たなかった。日本軍は中国の鉄道路線沿いに支配地域を拡大していったが，周辺部分は中国側が押さえており，戦争は泥沼化していった。日本は戦局を改善するため，40年に国民政府の要である汪兆銘を擁立して南京政府を樹立し，これを中国の正統政府として承認するが事態は混迷を極めていく。

アメリカは日本に対して日米通商航海条約を破棄することにし，対日経済制裁の実施を始めた。日本の対米経済依存が高いために行われた方策といえる。日本は譲歩せず，東南アジアに向けて資源確保に動きだしたため，アメリカは中国への援助を行った。日本の中でも対米戦争については避けたいと思っていた者はいたが，在米資産の凍結，石油の禁輸が日本経済を厳しい状況に追い込み，日米首脳会談が流れたことから近衛内閣は退陣し，**東条内閣**が組閣された。最終交渉で提示されたハル・ノート[26)]で日米交渉は決裂し，1941年に日本はハワイ・**真珠湾を攻撃**し，**太平洋戦争**を始めたのである。戦局は日本の有利に進んでいたが，ミッドウェー海戦で大敗してからはその支配地域を狭められていった。

## (8) ポツダム宣言の受諾

1945年になり，ドイツが降伏しヨーロッパでの戦争が終結すると，連合国はドイツ処理と日本との戦争終結について話し合いを行った。7月下旬に連合国は無条件降伏を勧告した。これが**ポツダム宣言**である。その上，アメリカによる広島・長崎への原子爆弾の投下，ソ連の参戦があり，日本はポツダム宣言の受諾を決定し無条件降伏した。

連合国軍が進駐し，日本は**GHQの間接統治下**におかれた。実質的にはアメリカ政府からの指令がマッカーサー司令官を通して日本政府へ伝えられていた。

26) ハル・ノートの中身は，中国および仏領インドシナからの撤兵，汪政権の否認，三国同盟の破棄，満州事変以前の状態に戻すこと，という内容であった。

# 2．戦後の外交史

## （1）　サンフランシスコ講和会議

サンフランシスコ講和条約締結に際して，日本国内ではとりあえず一部の国とでも講和して独立国としての地位を確立したいとする保守政党の側の意見である「**片面講和**」と，すべての対戦国と一度に講和をすべきだとする社会党などの側の意見である「**全面講和**」とで論争が繰り広げられた。結果は**吉田茂内閣**が社会主義国（ソ連，ポーランド，チェコスロバキアを除く）やインドなどが参加しない**サンフランシスコ講和条約**に調印し，国際社会へと復帰した。アメリカを中心とした連合国が日本との間に早期の講和を結んだ理由は，1950年６月に朝鮮戦争が勃発しており，在日アメリカ軍を国連軍として朝鮮半島へ派遣したかったことがあげられる。

## （2）　日米安全保障条約

日本は，サンフランシスコ講和条約で国際社会へと復帰したが，国際連合による国際社会の平和・安全が保障されていないため，**日米安全保障条約を締結**し，自国の安全を維持することにした。

アメリカが講和条約締結と同日に本条約を締結した理由は，連合国軍の占領下であれば自由に軍隊を駐屯させておくことができ（いったん独立国としての地位を認めてしまうと改めての軍隊駐留要求が難しくなる），また当時の国際社会の動向から日本にアメリカ軍を駐屯させておくことは，自由主義を維持するのに必須条件であったためである。この条件を満たすためには独立国日本との間にアメリカ軍駐留容認の条約締結が必要であった。

日米安保条約の改定交渉がその後行われるが，これは条約の不平等性をなくすことを目的としたものであった。特に日本側には基地提供が義務づけられているにもかかわらずアメリカ側には日本の防衛について明文化した条項がないことや，在日アメリカ軍の装備や配備における変更や国内の基地から出撃する際に**事前協議制**がないことなどが取りざたされた。鳩山内閣はこの問題をめぐりダレス国務長官と議論したが，日本がアメリカを守るために行動できないことを理由に断られた。**岸信介内閣**の時には，岸が日米のパートナーシップ追求を掲げていたこともあり，国民の不安を和らげる意味からもアメリカは交渉を行うことにした。自民党内の調整や条約の対象地域など様々な問題があったが，**新日米安保条約**は1960年に岸が渡米し調印した。総評（日本労働組合総評議会）を中心に社会党や共産党などが参加した抗議行動は次第に高まりを見せ，国会周辺のデモ行進も行われた。自民党は批准の手続きで野党が議事を遅らせたことにより，衆議院において**単独で強行採決**を行った。条約の自然成立[27]する日にアイゼンハワー大統領が来日する予定になっていたが，一部の学生らは国会議事堂に突入して死傷者を出す騒ぎとなり，戦後初めてのアメリカ大統領訪日は中止となった。岸内閣は，条約成立後に総辞職した。

### ●朝鮮戦争と日米安保

ヨーロッパではベルリン封鎖など冷戦の環境が整い始めていた。中国においても国共内戦が1949年に終わり，中華人民共和国の建国が宣言された。こうした環境で朝鮮戦争が勃発した。アメリカではかねてから対日講和について話がされており，日本における基地使用の必要性については戦争が始まったことで高まったが，日米の友好関係促進とソ連勢力の拡大懸念にかんがみて，アメリカは50年に対日講和を決定し，予備会談に入った。朝鮮における国連軍は仁川《インチョン》上陸作戦から攻勢に転じたが，中国が義勇軍を参戦させてきたことで51年に入って北緯38度線まで押し戻され膠着状態になった。そうなると日本における基地の使用は必要であるが，同時に日本を守るための軍隊が必要であるとの認識も持つようになったのである。日本は基地使用を認める意向を示し，吉田首相はダレス特使との間で交渉を行い，ダレスの強い意向で再軍備についても妥協した。こうして**サンフランシスコ講和条約**が結ばれたまさにその日，**日米安全保障条約**が締結され，アメリカ軍の駐留は引き続き行われたのである。

## （3） 日ソ共同宣言

サンフランシスコ講和会議には参加していたが，講和条約署名拒否をしたソ連は，西側で対ソ封じ込め戦略の一翼を担うという好ましからざる状況にある

---

27）日本国憲法第60条，第61条を参照のこと。

日本と中立的な雰囲気を作り，軍事的発展を少しでも弱めるため，スターリンの死後動き始めた。ソ連からの呼びかけと，反吉田勢力である**鳩山一郎内閣**との間で日ソ交渉は行われた。社会党の支持もあり，1956年に領土問題を棚あげにした状態で[28]，両国の戦争状態を終結させるための条約をモスクワで結んだ。それが日ソ共同宣言である。この条約で日ソ間の戦争状態が終了し，外交関係が復活した。そして抑留されていた日本兵の帰還と日本の国連加盟への支持の約束，漁業協定の発効が行われた。領土問題については，歯舞・色丹両島を平和条約締結時に引き渡すことが定められたが，60年の新日米安保条約締結の際に，日本に駐在している外国軍の撤退がない限り引き渡さないという一方的なソ連側の通告で実現していない。

その後の日ソ間の外交は，基本的に経済的な関係[29]が中心であった。残念ながら両国の間では，いわゆる北方領土の帰属をめぐる問題があり，平和条約は締結されていない。1997（平成9）年の両国首脳会談において2000年までに平和条約締結に向けて努力することが約束された（クラスノヤルスク合意）ものの実現されなかった。

## （4）　日韓基本条約

1948年に大韓民国が成立し，李承晩が最初の大統領となった。李は反日感情をあらわにしており，公海上に「**李承晩ライン**」を形成して日本漁船の立ち入りを禁止した。アメリカを仲介役に1950年代から交渉は続けられたが，目立った成果はあげられなかった。そのような中，経済の失政と独裁による腐敗によって60年に発生した4・19学生革命により李が退陣した。軍事クーデタで政権を掌握した朴正煕は日韓関係正常化に向けて動き，**佐藤栄作内閣**との間で65年に**日韓基本条約**が結ばれた。賠償金は支払われず，その代わりに経済協力資金という形で3億ドルの無償援助と2億ドルの低金利による貸し付けがなされ，さらに民間による3億ドルの信用供与が行われた。

28）1955年実施のロンドン交渉で一旦は妥結しかけた。しかし，保守合同の動きの中で北方領土問題の歯舞・色丹だけでなく，国後・択捉両島を含めるかどうかについて合意できず，交渉は停滞した。

29）チュメニ油田の開発などが顕著な例である。政治問題はソ連の軍拡とアフガニスタン侵攻で，低調であった。

## （5） 沖縄返還

沖縄はサンフランシスコ講和条約でアメリカの施政下に置かれることになっていた。朝鮮戦争や東南アジアにおける軍事的緊張がもとで，沖縄はアメリカ軍の基地と化していき，戦略上の重要拠点となっていた。日米安保条約改定でもその状況は変わらず，沖縄県民の反発を呼んだ。このような状況を重くみていた両国政府は1960年代に入って沖縄問題に本格的に着手した。ヴェトナム戦争の最中であり，基地使用は譲れないアメリカも，施政権返還を前提に日本政府との話し合いを始め，1967年に行われた**佐藤栄作首相**とジョンソン大統領の会談で共同声明が出され，「3年以内」の返還が明らかにされた。アメリカで**ニクソン**が大統領になり，最終合意を結ぶ段階まで事務レベル協議は進んだが，日本の国内における「**核抜き，本土並み**」「事前協議制の沖縄への適用」[30]の声を無視できず，ニクソンも理解を示した。こうして，71年に沖縄返還協定が調印され，翌72年に本土復帰を果たした[31]。佐藤栄作[32]は74年ノーベル平和賞を受賞した。

## （6） 日中共同声明

第二次世界大戦終了後，中国は国共内戦となった。そのため日本は中国と講和締結がなかなかできずにいた。内戦後の1949年，中国本土に共産党政府が樹立され，国民党政府は台湾に移った。日本はサンフランシスコ講和条約ならびに日米安保条約を締結した背景から，自由主義陣営に与することとなり，国民党政府を正当な中国政府と認め講和をすすめた。52年4月に日本と中国との戦争状態を終結させるために，**日華平和条約（日台条約）**が結ばれた。この条約の適用地域は国民党政府の支配下にある地域に限定されている。

1960年代に入り，それまでソ連一辺倒であった北京政府がソ連のスターリン批判に反発して**中ソ対立**が起こり，アメリカもヴェトナム撤退の影響からかアジアからの撤退[33]を打ち出した。ニクソン政権は中国との和解をもくろみ，中国は文化大革命が終わりに近づいたこともあり，1971年の**ニクソン訪中**[34]

---

30）「核抜き，本土並み」は核兵器の貯蔵が本土並みということで，返還にあたって核兵器が貯蔵されていないことをいう。「事前協議制」とは新安保条約で入れられたが，米軍が軍事力の配置等について変更をする場合，事前に日本政府と協議することをいう。 31）これに先立ち，小笠原諸島は1968年に返還されている。 32）また佐藤内閣のときにＩＬＯ87号条約の批准も行っている。 33）グアム・ドクトリンと呼ばれる。 34）これを「ニクソン・ショック」と呼ぶ場合がある。

となった。

日中間は1962年に池田内閣で準政府間貿易が行われることとなった。これは日中総合貿易覚書が，廖承志と高碕達之助の間で結ばれたことで**L・T貿易**と呼ばれる。こうして政経分離の交流が始まった。続く佐藤内閣ではヴェトナム戦争を行うアメリカへの佐藤の支持などもあって進まなかったが，1968年には第二次協定が成立して日中覚書貿易（M・T貿易）[35]と呼ばれる。この後，周恩来首相から田中内閣発足を機に復交の呼びかけがあり，同年**田中角栄首相**が訪中して**日中共同声明**を発して復交した。これを機に台湾との間に結ばれていた日華平和条約は，二つの中国を認めない北京政府の意向を汲んで破棄された。



## （7）　日中平和友好条約

日中関係は日中共同声明で実務レベルの協定が結ばれ，関係改善がなされたが，「**反覇権条項**」を巡り日中両国の交渉は停滞していた。田中内閣から三木内閣へと政権交代したがロッキード事件の発覚で政局は混迷，中国でも周恩来や毛沢東が死去し国内政治が混迷を極めていたことがそれに拍車をかけた。ちなみに反覇権条項とは，すでに1972年の米中コミュニケに盛り込まれていた「(米中双方は）アジア・太平洋地域での覇権を求めるべきではない。……その他の国あるいは国の集団がこうした覇権を打ち立てようとすることに反対する」という内容の条項のことである。この内容の条項を第2条に規定して，また，反ソ連的な性格をうち消すために「第三国との関係に関する各条約締結国の立場に影響を及ぼすわけではない（第4条)」という条項も盛り込まれた。こうして**日中平和友好条約**は，78年8月に締結された（**福田赳夫内閣**)。88年に10年の期限を満了し，自動延長した。

## （8）　総合安全保障論

1970年代末から1980年代初頭にかけて，石油危機やアメリカの国力が相対的に低下し絶対的なものではなくなってきたことを背景に，大平正芳首相の委嘱を受けた私的諮問機関によって「総合安全保障論」という構想が提唱され

35）1960年代後半の中国は文化大革命の最中であり，佐藤内閣の方針もあってL・T貿易の継続は困難となり，新たに始められたのがM・T貿易である。

た。この構想には，当時の状況認識として，ソ連の軍拡とアメリカの経済力の低下により軍事バランスが変化したことで，アメリカは過去のように単独で広い範囲にわたって，かつすべてのレベルで，安全を与えることはできなくなり，日本にとっての軍事的安全保障の課題が増加したことがあげられている。つまり，基本的に本土を防衛する部隊という自衛隊の軍事的役割は限定するものの，アメリカに依存していればよい状況が終わり，局地的軍事バランスについては，その地域の国々の軍事力が重要となったというものである。また，安全保障を協議の防衛努力に限定するのではなく，外交努力や資源の確保を含めた総合的な観点からとらえようとしたものである。

## （9） 冷戦終結後の日本の安全保障政策

冷戦が終結し，最大の仮想敵国であったソ連も崩壊すると，日米安全体制の意義が再検討されることになった。さらに，1995 年には沖縄でアメリカ兵による少女暴行事件が起こり，沖縄のアメリカ軍基地に対する反感が高まった。

そうした中，1996 年に日米首脳会談により日米共同宣言が出され，日米安保の再定義が行われることになった。さらに，1997 年には日米防衛協力のための指針（ガイドライン）が見直され，それまでアメリカ軍への支援を本土防衛と限定していた地理的範囲が日本周辺に拡大された。この決定が 1999 年に周辺事態安全確保法によって国内法制化され，「周辺事態（日本周辺地域における事態で，日本の平和と安全に重要な影響を与える場合をいう）」の場合にアメリカ軍の活動に対して日本が行う支援が定められた。自衛隊は，後方地域における支援，すなわち日本領域に加えて周囲の公海（と上空）で戦闘行動が行われている地域とは一線を画している地域において，武器弾薬を除く物資の輸送や補給，通信等の兵站作業が可能になった。

## （10） 第２次安倍政権の安全保障政策

2012 年 12 月に政権に返り咲いて以来，第 2 次安倍政権は特に安全保障において従来の方針を大きく変える政策をとっている。以下，その中でも重要なものをあげる。

① **国家安全保障会議の設置**（2013年）…従来は，首相を含めた9大臣（官房長官，外務大臣，防衛大臣，総務大臣，財務大臣，経済産業大臣，国土交通大臣，国家公安委員長）で構成された安全保障会議が内閣に置かれ，防衛政策の基本方針などが協議されていた。しかし，新たに国家安全保障会議を設置し，首相・官房長官・外務大臣・防衛大臣の4大臣で構成される4大臣会合が定期的に開催され，安全保障に関する重要事項などが協議されることになっている。なお，従来の9大臣で構成される会議は「9大臣会合」という名称で残され，防衛政策の基本方針などは9大臣会合の協議を経て決定される。国家安全保障会議は，米国国家安全保障会議（NSC）になぞらえ，日本版NSCとも呼ばれる。

また，国家安全保障会議の事務局となる国家安全保障局が内閣官房に設立され，各省が収集した情報は国家安全保障局に集約され，分析が行われるようになった。

② **特定秘密保護法の制定**（2013年）…特定秘密保護法は，漏洩すると日本の安全保障に著しい支障をきたすおそれのある情報を，内閣が策定した運用基準に基づいて，行政機関の長（省の場合大臣）が「特定秘密」に指定し，漏洩させた場合には国家公務員法の規定よりも重い刑罰を科すものである。特定秘密保護法の運用をチェックする情報監視審査会が国会の衆参両院に設置されているが，この審査会においても何が特定秘密かは明かされないため，その実効性が疑問視されている。

③ **集団的自衛権の閣議決定**（2014年）**と安保法制**（2015年）…それまでは，現行憲法下では集団的自衛権は行使できないとしていた戦後歴代内閣による憲法解釈を変更し，次の新3要件を満たす場合に限り集団的自衛権の行使を容認する閣議決定を行った。

**《自衛の措置としての武力の行使の新3要件》**

・我が国に対する武力攻撃が発生したこと，又は我が国と密接な関係にある他国に対する武力攻撃が発生し，これにより我が国の存在が脅かされ，国民の生命，自由及び幸福追求の権利が根底から覆される明白な危険があること。

・これを排除し，我が国の存在を全うし，国民を守るために他に適当な手段がないこと。

・必要最小限度の実力行使にとどまること。

その後，日米間で日米防衛協力のための指針（ガイドライン）が再び改定された。これにより，自衛隊の役割を世界に広げるという，戦後続いてきた安保政策の大転換が行われた。具体的には，平時から戦争までのあらゆる状況で「切れ目のない対応」をめざし，武力攻撃を受けていなくても敵の攻撃が予想される「グレーゾーン事態」であれば日米が軍事協力できるようになった。

また，自衛隊がアメリカ軍を後方支援できる範囲を日本周辺に制限していた「周辺事態」を削除し，範囲を「アジア太平洋地域およびこれを越えた地域」とし，地球規模に拡大した。他に，宇宙空間やサイバー空間での協力も盛り込まれた。

これらの法的裏付けのために安保関連法（安保法制）が2015年に制定された。これにより，集団的自衛権の行使が法制化され，自衛隊の海外における任務が大幅に拡大することになった。

安保法制は，1本の新法と10本の法改正からなる。新法である国際平和支援法の成立により，国際平和のために各国が共同で対処しなければならない事態（国際平和共同対処事態）が生じた場合に，日本は特別措置法を制定することなく，国連総会や安保理における決議などに基づき，多国籍軍に対する後方支援が可能になった。これにより，国連平和維持活動（PKO）以外でも自衛隊を海外に派遣すること，アメリカ軍以外の軍隊も支援の対象とすることが可能になった。

既存の10本の法律をまとめて改正した平和安全法整備法には，自衛隊法の改正，重要影響事態安全確保法（周辺事態安全確保法の改正），国際平和協力法の改正，事態対処法制の改正などが含まれている。これによって，海外における自衛隊の任務が拡大するとともに，一定の条件の下での武器の使用が自衛隊に認められることになった。

④ **防衛装備移転三原則**（2014年）と**防衛装備庁設置**（2015年）…武器輸出三原則に則り，防衛装備の輸出や国際共同開発を実質的に禁止としていた方針を転換し，**防衛装備移転三原則**が2014年に閣議決定された。これ

により，①移転を禁止する場合の明確化，②移転を認め得る場合の限定並びに厳格審査及び情報公開，③目的外使用及び第三国移転に係る適正管理の確保，という3つの条件が充たされれば防衛装備の輸出が認められ，また国際共同開発も推進されることになった。武器輸出・共同開発が事実上解禁されることになった。

その後，防衛省の外局として**防衛装備庁**が2015年に設置された。これにより，装備品に関する機能を集約し，防衛装備庁が防衛装備行政を一手に引き受けることで業務の効率化を図るとともに，装備品の長期契約によるまとめ買い，調達する装備の規格や部品の共通化等を推進することによって，取得コストを削減することが目指されている。

## ポイント整理

**1** ウェストファリア体制

三十年戦争の結末→主権国家体系の成立，国際法の原則確立，勢力均衡原則確立

**2** ウィーン体制

ナポレオン戦争の結末→勢力均衡原則への復帰

**3** ナショナリズムの成立

フランス革命，ナポレオン戦争を契機とした「国民」意識の誕生

**4** 第一次世界大戦

ドイツ（汎ゲルマン主義，3B 政策）vs. ロシア（汎スラブ主義），イギリス（3C 政策）

総力戦→塹壕戦，戦争の長期化，新兵器の投入

アメリカ合衆国の参戦→連合国側（イギリス・フランスなど）の勝利

**5** 戦間期

14 カ条の平和原則（ウィルソン）→国際連盟の設立

ファシズムの台頭→第二次世界大戦へ

**6** 第二次世界大戦

連合国側（イギリス・アメリカ・フランス・ソ連など）vs. 枢軸国側（日本・ドイツ・イタリア）

連合国側の勝利→国際連合の設立

**7** 冷戦期

ヤルタ会談→東西対立へ

危機→ベルリン危機，ベルリンの壁，キューバ危機

代理戦争→インドシナ戦争，ヴェトナム戦争，朝鮮戦争

**8** 冷戦期

ペレストロイカ（ゴルバチョフ）→「ヤルタからマルタへ」

**9** 明治日本の対外政策

条約改正→陸奥宗光，小村寿太郎の活躍

日清戦争・日露戦争→日本の勝利と大陸進出の契機

**10** 大正～昭和前期の対外政策

第一次世界大戦→対華二十一カ条の要求

満州事変→大陸進出の本格化，日中戦争

日独伊三国軍事同盟→対英米外交の悪化，太平洋戦争

太平洋戦争→日本の敗北，戦後へ

**11** 昭和中～後期の対外政策

吉田ドクトリン→サンフランシスコ講和条約，日米安全保障条約

日ソ共同宣言（鳩山一郎），沖縄返還（佐藤栄作），日中共同声明（田中角栄），日中平和友好条約（福田赳夫）

**12** 冷戦期の安全保障政策

警察予備隊→保安隊→自衛隊

日米防衛協力の指針（ガイドライン）→日本の役割はあくまでも防衛，総合安全保障

**13** 冷戦後の安全保障政策

日米安保共同宣言→新日米ガイドライン→日米ガイドライン関連法制定

集団的自衛権行使容認の閣議決定→日米ガイドライン二度目の改定→安保関連法

# Exercise

**問題① 国際政治の歴史に関する次の記述のうち，妥当なのはどれか。**

(国般平 27)

**1** 16 世紀の J. ボダンや 17 世紀の T. ホッブズは，戦争が慢性化していた時代に，帝国支配による秩序を構築するために，国家主権を理論化した。1648 年のウェストファリア条約においても，主権原則は，神聖ローマ帝国の支配を継続するために用いられ，戦争状態を恒常化させる効果を持った。

**2** 18 世紀初頭のスペイン王位継承戦争では，英国やオランダと同盟を組んだフランス (ブルボン家) によるヨーロッパ支配の野心はくじかれ，神聖ローマ帝国 (ハプスブルク家) が勝利を収めた。その終結に向けて締結されたユトレヒト条約 (1713 年) では，帝国支配が再び正当化され，勢力均衡 (バランス・オブ・パワー) の維持という目的はまだ明記されていなかった。

**3** 18 世紀後半のアメリカ独立革命やフランス革命は，民衆による自由の獲得という思想 (ナショナリズム) をヨーロッパに広めた。したがって，1814 ～ 1815 年のウィーン会議では，英国，フランス，ロシア，オーストリアなどの大国が「ヨーロッパ協調」の理念の下，君主主権から人民主権への転換の必要性を共有して，ヨーロッパ各地における革命運動を支援することになった。

**4** 18 ～ 19 世紀を通じて，米国など，西半球を中心にヨーロッパ人の入植地において主権国家体制が徐々に拡散していった。大英帝国内の白人植民地 (カナダ，オーストラリアなど) も自治領となり，外交においても自律性を持った。アジア・アフリカにおいても，ヨーロッパ諸国は自らの文明的優越を主張することはなく，19 世紀中頃以降，中国，トルコ，我が国，タイなどとの間で，主権平等の原則に基づく国際条約を締結していった。

**5** 19 世紀の末には国家間紛争を司法的解決に委ねる仲裁裁判条約締結の機運が強まっていた。そのような中，ヨーロッパ諸国だけでなく米国や我が国も参加して，二度にわたって開催されたハーグ平和会議において，常設仲裁裁判所の設置が合意された。この会議では，非人道的な兵器とされたダムダム弾の使用禁止宣言や，捕虜の人道的扱いを定めたハーグ陸戦条約なども採択された。

**解説**

**1** × ウェストファリア条約によって神聖ローマ帝国の支配は終焉を迎え，ドイツでは諸侯による独立が認められることになった。なお，肢の前半は正しい内容である。

**2** ×　スペイン王位継承戦争は，フランスと，イギリス・オーストリア・オランダの連合との間に勃発した戦争である。また，ユトレヒト条約はフランス（ブルボン家）の力を抑え，イギリス・オランダ・プロイセン・オーストリア・スウェーデンなどとの勢力均衡を維持するのが目的であった。

**3** ×　ウィーン会議ではフランス・スペイン・ナポリでのブルボン家の復位など，革命運動とは反対の体制が採用され，革命の防止や紛争の終止を図り，自由主義・国民主義運動への抑圧を図ったのである。

**4** ×　カナダが外交で自治権を獲得したのは1926年のバルフォア宣言からであり，オーストラリアが英国から事実上の独立を果たしたのは1901年である。したがってどちらも20世紀に入ってから自律性を持ったことになる。これらの事実を知らなくても，我が国が開国した後に不平等条約を結ばされたことや，ヨーロッパ諸国によるアジア・アフリカ地域での植民地支配などで判断すれば，後半の内容は明らかに間違いである。

**5** ○　妥当な記述である。

**解答　5**



**問題②　冷戦期の国際関係に関する次の記述のうち，妥当なのはどれか。**

（国般平27）

**1**　1947年，ソ連は東欧諸国の経済復興への大規模援助を行う相互安全保障法による援助（MSA）を表明するとともに，ヨーロッパ各国の共産党間の情報交換と活動の調整を行い，連携を強化するための機関として共産党・労働党情報局（コミンフォルム）を結成した。

**2**　1949年1月に米国を始めとする12か国によって，集団安全保障機関としての北大西洋条約機構（NATO）が設立されると，同年4月，ソ連と東欧諸国は軍事同盟（COMECON）を設立し，軍事面における結束を図って西側陣営に対抗した。

**3**　1962年のキューバ危機の翌年，米ソは部分的核実験禁止条約（PTBT）を共同提案した。これは，合法的な核保有国の数を，その時までに核保有を宣言していた5か国に限定しようとするもので，同年締結され，米国，ソ連，英国，フランス，中国の5か国の参加で始まった。

**4** 1968 年，チェコスロバキアのプラハの春と呼ばれる改革運動に対して，ソ連は，社会主義諸国全体の利益と安全は一つの社会主義国の主権に優越するという主張を展開し，軍事介入を行おうとしたが，米国との緊張関係や世界的な反戦平和運動もあり，軍事介入は回避された。

**5** 1985 年にソ連共産党書記長となったゴルバチョフが，国内で社会全般にわたる斬新な改革（ペレストロイカ）を進め，新思考外交を展開するようになると，レーガン政権も核軍備管理，核軍縮のための交渉に応じ，1987 年，米ソ間で中距離核戦力（INF）全廃条約が締結された。

## 解説

**1** ×　相互安全保障法（MSA）は，ソ連ではなく，アメリカが友好国に軍事援助や経済援助を行うために制定した。1947 年にアメリカがトルーマン・ドクトリンとマーシャル・プランを発表すると，これに対抗するために同年ソ連はコミンフォルムを結成した。米国はマーシャル・プランの終了後，MSA を 1951 年に制定した。

**2** ×　ソ連と東欧諸国が設立した COMECON は軍事同盟ではなく，ソ連が東欧諸国の経済復興を支援するために結成された経済協力のための機関である。また，COMECON が 1941 年1月に設立された後に，アメリカなどは集団安全保障機構として NATO を同年4月に設立した。ソ連と東欧諸国が結成した軍事同盟はワルシャワ条約機構である。

**3** ×　アメリカ・ソ連がキューバ危機後に提唱した部分的核実験禁止条約（PTBT）に対して，フランスと中国は当初参加しなかった。両国が PTBT に参加したのは，冷戦後である。また，PTBT は地下以外の核実験を禁止するという内容で，アメリカ・ソ連・イギリス・フランス・中国の5か国にのみ核兵器保有を認めた条約は，核拡散防止条約（NPT）である。

**4** ×　チェコスロバキアで起きた「プラハの春」に対して，ソ連は国際社会の反対を押し切って，他のワルシャワ条約機構に参加する4か国と軍事介入を実施し，チェコスロバキアで改革運動を推進していたドプチェク第一書記は失脚した。

**5** ○　妥当な記述である。

**解答 5**

**問題③　冷戦に関する記述として，妥当なのはどれか。**　　（区　平 28 教養）

**1** 戦後ヨーロッパの経済的困窮が共産党拡大の原因とみて，1947 年，アメリカのアイゼンハワー大統領はヨーロッパ経済復興援助計画を発表したが，ソ連，東欧諸国はこれを拒否し，以後，冷戦と呼ばれる緊張状態が米ソ間で激化した。

**2** 1948 年，チェコスロヴァキアではクーデタがおこり，共産党が実権を握ったが，ティトーの率いるユーゴスラヴィアは，ソ連に対して自主的な姿勢をとったため，同年，コミンフォルムから除名された。

**3** ハンガリー，ルーマニア，ブルガリア，アルバニアが，ソ連型の社会主義を採用し，東欧諸国へのソ連の影響が強化されたのに対抗して，1948 年，イギリス，フランス，イタリア，ベルギー，オランダは，西ヨーロッパ連合条約を結んだ。

**4** ドイツでは分断が進み，1948 年，ソ連は西側地区の通貨改革に反対し，西ベルリンの境界線にベルリンの壁を築いてベルリンを封鎖したが，ドイツ連邦共和国はアデナウアー首相の指導で経済復興に成功し，1954 年，パリ協定で主権を回復した。

**5** ソ連では 1956 年，フルシチョフ第一書記が，スターリン体制下の個人崇拝，反対派の大量処刑を批判し，資本主義国との平和共存を唱え，コミンフォルムを解散したが，この転換はペレストロイカと呼ばれた。

**解説**

**1** ×　ヨーロッパ経済援助復興計画（マーシャル＝プラン）を発表した時のアメリカ大統領はトルーマン（任 1945 ～ 53 年）である。アイゼンハワーはトルーマンの次に就任した大統領である。

**2** ○　妥当な記述である。

**3** ×　イタリアをルクセンブルクにすれば妥当な記述となる。

**4** ×　終戦直後，ソ連が西側主導の通貨改革に反発してベルリン封鎖（1948 年）をしたことは事実であるが，「ベルリンの壁」を構築（1961 年）したのは，文中の「1954 年，パリ協定で…」以降のことである。

**5** ×「ペレストロイカ」の箇所が誤りである。それ以外の記述は正しい。なお，冷戦末期，ソ連共産党書記長に就任したゴルバチョフがペレストロイカ（改革）

国際政治史

をスローガンに掲げて国内外の体制見直しなどをすすめ，冷戦終結・ソ連崩壊に導いた。

**解答 2**

**問題④ 第二次世界大戦後の日本外交に関する次の記述のうち，妥当なものはどれか。** （国Ⅱ平 17）

**1** 第二次世界大戦後の終戦以降，国交断絶状態にあった日ソ両国は，昭和 31 年（1956 年）に日ソ平和友好条約に調印し，国交を回復した。日ソ平和友好条約では，領土問題についての取決めの中で，「北方領土問題」については，歯舞諸島と色丹島の我が国への即時返還が規定された。ところが，国後島と択捉島についてはソ連政府は返還を強硬に拒否して，現在に至るまでこの問題は未解決のままとなっている。

**2** 日韓国交正常化交渉は，植民地支配の評価をめぐって交渉が難航し，長期の外交交渉となった。特に歴史認識問題については，我が国の「反省」と「謝罪」をめぐって両国間の深刻な摩擦をもたらし，両国の対立は冷戦終結時まで長引いたが，金大中政権期に最終的な妥協に達した。平成7年（1995 年），日韓基本条約と四つの協定が調印され両国での批准を経て発効した。

**3** 昭和 47 年（1972 年），第二次世界大戦の終戦前からアメリカ合衆国の占領・施政下にあった沖縄は我が国に返還された。田中角栄首相は，沖縄返還を外交の最重要課題として掲げており，昭和 40 年（1965 年）には総理大臣として初めて沖縄を訪問し，「沖縄の本土復帰なしに我が国の戦後は終わらない」と述べた。田中首相は，ジョンソン大統領およびニクソン大統領との外交交渉において「核抜き本土並み」の返還を求め，最終的にそれが受け入れられることになった。

**4** 昭和 47 年（1972 年），我が国と中華人民共和国との間の国交正常化をうたう共同声明が北京で調印され，両者間での外交関係が樹立された。他方で我が国は，昭和 27 年（1952 年）以降続いていた中華民国（台湾）との外交関係も維持して，その後は「二つの中国」と均等な関係を構築した。

**5** 冷戦終結後に日米両国政府は，日米同盟の再定義を行った。平成8年（1996 年）に日米安全保障共同宣言を発表し，さらにはその翌年，新しい「日米防衛協力のための指針（ガイドライン）」の作成を行い，これによって，冷戦後の国際環境を考慮に入れた日米間の安全保障協力の枠組みが再確認された。

**解説**

**1** ×　日本とソ連の間で1956年に締結された条約は，日ソ平和友好条約ではなく，日ソ共同宣言である。また領土問題については，両国間の平和友好条約の締結後，歯舞，色丹両島が日本に返還されることが，共同宣言で謳われていた（しかし，現段階でも平和友好条約は締結されておらず，歯舞，色丹，国後，択捉の北方四島の帰属問題は未解決である）。

**2** ×　日本と韓国の間の国交正常化は，1965年に締結された日韓基本条約によって達成されている。なお，歴史認識問題については，現在においても日韓両国間の摩擦の原因となっており，未解決のままである。

**3** ×　1972年にアメリカから日本へ沖縄の返還がなされたときの首相は，田中角栄ではなく，佐藤栄作である。本肢中の田中（角栄）首相を佐藤栄作首相とすれば，本肢は正解となる。

**4** ×　日本が中華人民共和国と国交正常化した日中共同声明によって，日本と台湾（中華民国）との国交関係は消滅した。現在でも，日本と台湾の間には正式な国交は存在しない。

**5** ○　妥当な記述である。ガイドラインとは，日本が直接攻撃を受けた場合の「日本有事」（日米安保条約第5条に該当。「5条事態」と称する）において，自衛隊と在日米軍がいかに共同防衛を行うかの運用を取り決めたものである。しかし冷戦終結を受けて，1997年には，「日本有事」の場合よりも拡大し，日本に影響を与えるような紛争が起きた場合の日本とアメリカの協力を取り決めるという，「周辺事態」への対応へと変更された。

**解答　5**

# 第3章

# 国際経済史

この章では，国際経済史を学びます。国際経済史の観点から，第一次，第二次両大戦が発生した理由や，第二次世界大戦後に設立された国際経済に関する諸制度も学んでいきます。また，国際政治史と同様，国際経済史も国際関係理論を理解するための土台となります。

重要度
★★★

# 1 国際通貨体制と自由貿易体制

戦後の国際経済体制は，ブレトン・ウッズ体制ともいわれています。戦中に行われたブレトン・ウッズでの会議は，国際協調体制を意図した新たな自由貿易体制を作っていくものでした。試験ではIMF，GATT，WTOの目的・役割と成立過程が問われることが多いので，まずはその点から理解していきましょう。

## 1．国際通貨体制

### （1） 世界恐慌

近世のヨーロッパでは，**重商主義**と呼ばれる経済政策が広くとられていた。これは，貿易を盛んにして財貨を蓄積することで国富の増大を図ろうとする経済政策である。また，産業革命を経て独占的な段階に達した資本主義を背景として，領土の分割をめぐって争う対外膨張的な政策である**帝国主義**という考え方が生まれると，これに基づいて植民地獲得競争が広げられ，第一次世界大戦ではイギリスやフランスがドイツと争った。

イギリスは，この第一次世界大戦後に国際収支の黒字が減少してポンドの価値を維持することができなくなり，アメリカや日本の製品がイギリスの押さえていた市場に流入したことで国際競争力も落ち，戦争債務と財政赤字が残った。これに対してアメリカは輸出を伸ばし，貯蓄の増大から投機ブームが起こったが，その後株価が大暴落し，**世界恐慌**（大恐慌）が起こった。

**ドーズ案**に基づいた欧州の戦争債務がアメリカへ戻ることで成立していた**金融の循環**は，欧州の銀行の信用不安から派生したドイツの賠償金支払い停止，英仏の戦争債務支払い能力への不安により，崩れ始めた。そして，金本位制からの離脱が相次ぎ，協調的な国際経済体制もできなくなり，各国は個別に大恐慌対策をすることになる。具体的には，イギリス・フランスが**ブロック経済**を行って植民地との協力を進めていく保護貿易的な手法をとり，アメリカは修正資本主義的なニュー・ディール政策を実施した。また，ドイツとイタリアは産業統制を行うなど全体主義的な手法をとった。それでも，対外膨張的な政策をとることで解決を図ろうとする国があり，それが第二次世界大戦へとつながることになった。

〈自由貿易と保護貿易〉

| 貿　易 | 特　　徴 |
|---|---|
| 自由貿易 | 政府が貿易に介入せず，市場における競争は自由に行われる。<br>強者の政策とされる。 |
| 保護貿易 | 政府が貿易に介入して保護し，自国経済の安定を図る。たとえば輸入品は高関税が課せられ，輸出には政府からの補助が与えられる。弱者の政策とされる。 |

●帝国主義

帝国主義の成立には，第二次産業革命という事件が大きく関わっている。最初の産業革命で主力エネルギーであった石炭は，第二次革命では石油にとって代わられ，また軽工業も重工業と代わるようになって産業構造が転換し，より効率化が求められるようになった。そのため，企業は合併を繰り返し，カルテル，トラスト，コンツェルンのような独占資本の形ができ上がった。また，第二次産業革命によって，石油などの新たな原料輸出国が求められ，それまでの植民地であった南北アメリカ大陸から，アジア・アフリカへ視点が向けられると，この地域をめぐって獲得競争が繰り広げられるようになったのである。

## (2)　ブレトン・ウッズ協定

1944年，ブレトン・ウッズで自由貿易体制について話し合いが行われ，この結果，**ブレトン・ウッズ協定**が締結された。この協定は，「**自由・無差別・多角主義**」を自由貿易の理念として掲げ，自由貿易を行う上での国際通貨・金融体制の安定と，当時の債権国であるアメリカの国際政治経済体制へのコミットを維持することが目的であった。また，**IMF（国際通貨基金）**と**IBRD（国際復興開発銀行）**の設立が決定した。ただし，自由貿易に関する機関として創設されるはずであったITO（国際貿易機関）については，戦後に交渉が延期された。

## （3） IMF 体制

IMF 体制とは，「金とドルを一定割合で兌換《だかん》することを目的とした国際通貨体制」である。これは，IMF が通貨取引に関して，為替の自由取引と安定化によって貿易・投資の円滑化を図ることを目的としていることによる。貿易を自由にかつ安定的に行うために，**金ドル本位制**を採用し，各国はその固定された平価（固定為替相場）を 1%以内という枠内に収めるために，通貨当局が外国為替市場に介入して相場を維持することが義務づけられた。

これに対して IBRD は世界銀行とも呼ばれ，戦後の復興に必要な「比較的長期にわたる融資を基礎とした国際金融体制をつくるために設立された国際機関」である。IMF は短期の融資を目的としているのに対して，IBRD は長期の融資を目的としている。

**●ブレトン・ウッズ協定による IMF 体制の骨子**

① 金 1 オンス = 35 ドルの自由兌換（国同士のみ・アメリカ当局による保障あり）

② 固定レートの採用（1 ドル = 360 円＜平価＞± 1%→ 1945 年～ 71 年 8 月）

## （4） ニクソン・ショック[1]

アメリカのドルは，一貫して高い価値を維持していたわけではない。いく度かの変化を経て，1968 年 3 月に金プール協定[2] による制度が崩壊すると，金の価格は自由市場価格とアメリカ当局との取引に用いられる公定価格との二重価格となった。アメリカのジョンソン政権でヴェトナム戦争の戦費と福祉拡充政策により財政赤字が拡大し，ドルに対する金の交換性が疑問視されていくことで，アメリカに対して，各国が保有するドルとアメリカにある金とを交換する要求が相次ぎ，次のニクソン政権は，**「金ドル交換停止」**を発表せざるを得なくなった。これが**ニクソン・ショック**である。このニクソン・ショックにより，自由兌換が行われなくなり，各国は IMF 体制からの離脱を決めた。このため，固定為替相場制も維持されにくくなり，先進諸国は**変動為替相場制**に変

1）ニクソン政権が中国との和解をもくろんで1971年にニクソン大統領自らが訪中したことも「ニクソン・ショック」と呼ぶことがある。　2）欧州諸国とアメリカが共同でロンドン金市場に金を供給し，金価格の高騰を抑えることを目的としていた1961年発効の協定。

更した。

1971年12月，スミソニアン博物館で行われた**G10**（先進10カ国蔵相会議）は，自由貿易の安定化のために，平価の見直しを行ったうえで，**固定為替相場制の復活**を決めた。たとえば，1ドル＝308円となり，変動幅にも変更が加えられた。こうしてできた貿易体制を，スミソニアン体制という。

1973年になり，ドル安に対する相場の維持が難しくなったことなどを理由として，日本や西欧諸国が相次いで変動為替相場制へと移行した。その後も固定為替相場制へ戻す話し合いは行われず，76年にキングストンで開催されたIMF理事会で**変動為替相場制への移行**が追認された。これを**キングストン合意**という。

〈固定為替相場制と変動為替相場制〉

| | |
|---|---|
| 固定為替相場制 | 政府が外国為替市場に介入し，自国と相手国との為替の交換比率を一定範囲に保つ。 |
| 変動為替相場制 | 政府は外国為替市場に原則として不介入で，交換比率は市場の実勢に委ねられる。 |

## 2．自由貿易体制

### （1） GATT《ガット》

自由貿易を推進するためのITOは，アメリカ連邦議会上院が加盟に反対したことで，その成立が危ぶまれ，結果的には頓挫してしまった。自由貿易自体は反対されたわけではなかったことから，ITO設立を見越して結ばれていた「貿易・関税」と「紛争処理」についての合意を，その後の国際貿易体制の基本的な役割とすべく，**GATT（関税・貿易一般協定）**が成立した。GATTの内容は，関税率表，平等無差別適用の原則，貿易制限廃止の規定などを一つにまとめた国際協定である。例外としては，条件付きの農業製品の輸出入制限，輸出補助金の承認，国際収支悪化を防ぐための条件付き輸入数量制限，セーフ・ガード（緊急輸入制限）がある。

それから，GATTを中心とした国際自由貿易体制を，GATT体制という。

その目的は，自由貿易体制の維持にあり，原則は最恵国待遇の無差別適用，内国民待遇原則，数量制限の原則禁止である。

## (2) ラウンド

GATTの歴史は「**ラウンド**」の歴史であるといえる。第4回までは関税交渉と呼ばれ，二国間で品目別にどれくらい関税を引き下げるかというのが交渉の中心であったが，第5回以降は多角的貿易交渉であり，これは通称「ラウンド」と呼ばれる（下表参照）。

〈ラウンドの要点〉

| 回・年・ラウンド名 | 特　　徴 |
| --- | --- |
| 第5回（'61～'62）<br>ディロン・ラウンド | この交渉までは，二国間ベースで品目別にどの程度関税を引き下げるかの交渉をGATTの場で同時並行的に多数行うもので，国別・品目別交渉方式が採用されてきた。 |
| 第6回（'64～'67）<br>ケネディ・ラウンド | 鉱工業品に関して，国別・品目別交渉方式に代わって，実質的な一括・一律・均等の関税率の引き下げを目指す一括引き下げ方式が採用された。その結果，関税率の50%カットが合意された。<br>（平均引き下げ率は約35%で，引き下げ後の先進工業国の鉱工業関税は平均7.2%にまで下がった） |
| 第7回（'73～'79）<br>東京・ラウンド | 関税に関して一括引き下げ方式を採用し，非関税障壁に関して，①ルール策定方式，②リクエスト・オファー方式の交渉を実施。<br>（具体的には，ダンピング防止，補助金相殺措置など。ただし，緊急輸入制限については合意に至らなかった） |
| 第8回（'86～'94）<br>ウルグアイ・ラウンド | 農業貿易，サービス貿易，知的所有権についてもルール作りの対象になる。<br>（農業貿易については，輸入補助金の削減で合意が得られた。また，コンピューターのソフトウェア，歌，ブランド品等の知的所有権に対する保護の提供も行われることとなった）<br>ウルグアイ・ラウンドの実施機関として，1995年にWTO（世界貿易機関）を設立することが決定。 |

第6回ラウンドの結果，各国の関税水準は相当低くなったが，1970年代に入って関税以外の貿易障壁（＝**非関税障壁**）が問題となってきた。

多様化する貿易問題に対処するためには，正規の国際機関を設置すべきとの考え方に基づき，GATTはWTOに発展的解消をすることとなった。

## （3）　世界貿易機関（WTO）

**世界貿易機関（WTO）**とは，ウルグアイ・ラウンドで合意された「WTOを設立するマラケッシュ協定（WTO設立協定）」を実施するために設立された，恒常的な国際機関である。GATTのラウンドはもともとは「モノ」を対象としていたが，ウルグアイ・ラウンドではモノ以外も対象とされるなど，貿易を取り巻く状況の変化もあって，国際機関の設立となった。

基本的に，WTOの機能は，従来のGATTを引き継ぐものとなっている。その基本的な考え方である「無差別」「貿易制限の禁止」「公正な競争」はGATTのときと変化しておらず，また，貿易自由化努力にあたっては環境問題にも適切な考慮を払うべきことが明記されている。また，**WTOの意思決定はコンセンサス方式**であり，この点もGATTから踏襲されている。変化したことについては，次頁の表を参考にしてもらいたい。

GATTとWTOの相違の中で重要な点は，**紛争処理手続き**の方法である。GATTで採用されていた**コンセンサス方式**は，どこか1カ国でも反対すれば否決される制度である。これに対して，WTOで採用された**ネガティブ・コンセンサス方式**は，全員で反対しなければ否決されないという方式である。

WTOの役割の中で最も重要なものの一つが紛争処理である。従来，貿易問題のトラブルは二国間協議で解決を図ることが多かったが，今後はWTOに提訴することが可能になった。紛争処理手続きは以下のような形で進められる。

まず，自由貿易ができずに被害を受けた国は，相手国をWTOに提訴することができる。WTOでは，全加盟国が反対しない限り，「**パネル（紛争処理小委員会）**」を設置して問題の調査と是正措置の勧告を行う。もちろん，加盟国は勧告には従わなければならず，勧告を無視するとWTOは対抗措置を発動する。

〈GATTとWTOの相違点〉

| 名称 | | GATT | WTO |
| --- | --- | --- | --- |
| 法的地位 | | 条約の集合体 | 恒常的国際機関 |
| 主な機関 | | 締約国団・理事会・ITO暫定委員会（＝事務局の役割） | 閣僚会議，一般理事会，各理事会，各種委員会，事務局（ジュネーブ） |
| 対象範囲 | | モノの貿易のみ（のちにサービス・知的所有権も対象） | モノ＋サービス・知的所有権の貿易 |
| 紛争処理手続き | パネル報告や対抗措置の承認方式 | コンセンサス方式 | ネガティブ・コンセンサス方式 |
| | 対抗措置（制裁）の対象 | モノの分野に限る | モノ，サービス，知的所有権の三分野であれば異分野の制裁が可能 |
| | 再審制度 | なし | あり |
| | 提訴から対抗措置承認までの期間 | 明確な期限はなし | 標準：約28カ月<br>最長：約35カ月 |
| 閣僚理事会 | | 必要に応じて開催 | 最低2年に1回開催 |

出典：『'98資料政治・経済』清水書院より一部修正

### ●セーフ・ガード（緊急輸入制限）

輸入の急増によって，国内産業に被害が発生した場合において発動される輸入抑制のために行われる緊急措置のことである。ウルグアイ・ラウンド終了までに，セーフ・ガードについては発動の手続きと条件が厳密に定められ，輸出自主規制は原則禁止された。農業貿易についてはミニマム・アクセス（最小限の輸入量）を保障するとともに，非関税障壁は内外価格差に相当する関税の導入によって原則としてすべて廃止し，その税率の引き下げによって原則としてすべて廃止し，その税率引き下げによって農業保護の削減が図られることになった。

### (4)　自由貿易協定（FTA）／経済連携協定（EPA）

近年特定の相手国や地域のみで**自由貿易協定（FTA）**を形成する動きがある。FTAとは，特定国，地域との間で，物品の関税やサービス貿易の障壁等を削減・撤廃することを目的とする協定である。一方で，**経済連携協定（EPA）**は，二国間や複数国間で貿易の自由化に加えて，投資，人の移動，知的財産の保護や競争政策におけるルール作り，様々な分野での協力の要素等を含む，幅広い経済関係の強化を目的とする協定である。日本が交渉・締結しているFTAは，一部を除き大多数がEPAである。

FTAは特定の国との間での自由な取引を行う取り極めであるため，最恵国待遇の原則の下，全加盟国との間ですべて等しい基準で関税等が適用されるGATT（後にWTO）の原則に反するとの指摘もあった。そのため，当初は条件付きで認められていた取り極めであった。しかし，必ずしも両者は相反するものではなく，FTAはWTOの原則の例外に当たり，また補完するものとの捉え方もある。現在では，WTOの意思決定がコンセンサス方式のため何を決めようとしてもなかなか決まらないこともあって，FTAの件数は増加している。



## 3．日米貿易摩擦

### (1)　日米貿易摩擦

日米間の貿易摩擦が大きく政治問題化したのは，1960年代の後半からである。冷戦期の西側の貿易は，アメリカの圧倒的な軍事力・経済力を背景として強いリーダーシップを発揮する限り，一定範囲内の緊張に収まっていたからである。

**日米貿易摩擦**の伝統的パターンは，次のようなものである。

① 日本製品の対米輸出が急増し，アメリカの関係業界が自国政府に輸出制限の働きかけを行う。

② アメリカ政府は，日本側に輸出自主規制を要請するが，日本の国内産業が反発し交渉が難航する。

③　アメリカ議会が輸出制限法案可決の動きを見せ，アメリカ政府も日本側に圧力をかけることで政治問題化する。
④　日本側が自主規制という形で譲歩し，問題は一時的に解決する。

1960年代から70年代にかけては，繊維，鉄鋼，カラーテレビ，工作機械，自動車などが問題とされ，日本側は輸出自主規制によりこれに対処した。

## (2)　日米経済協議

1980年代後半に入ると，日本製品がアメリカ市場にますます進出することにより，自主規制だけでは解決できなくなってきた。アメリカ側は，日本の経済構造・制度を批判し，貿易摩擦は**経済摩擦**に発展した。アメリカは日本の市場開放と内需拡大を要求し，これによってアメリカ製品をもっと輸入するように求めた。日本では，中曽根首相が自らアメリカ製品を購入するように国民に呼びかける事態になった。

1989年から90年にかけて，あらためて日米間の経済構造の問題点を議論する場として，**日米構造協議**が行われた。アメリカ側は日本の排他的取引や系列取引，閉鎖的流通制度などを批判し，一方の日本側は，アメリカの財政赤字削減の必要性，貯蓄性向の低さ，アメリカ企業の近視眼的経営などを指摘した。

相手国の内政や国内構造にまで立ち入ったこの種の国際協議は，経済のボーダーレス化が高まる中で今後いっそう重要度を増すと考えられている。

日米構造協議を引き継ぐ形で，両国の経済構造の問題点を議論するために行われた**日米包括経済協議**では，それらに加えて自動車や保険などアメリカ側が問題とした産業分野についても個別協議が進められた。個別協議のなかでアメリカ側は，日本市場におけるアメリカ製品の販売について，日本側に「**数値目標**」の設定を迫ったが，自由貿易原則に反する数値目標を日本側は受け入れられず，結局2年経っても歩み寄りがみられないまま物別れに終わった。最終的には日本が規制緩和することで合意し，分野ごとにこれが行われていった。

〈日米経済関係史〉

| 時期 | 概　　略 |
|---|---|
| 終戦～50年代 | 日本の経済復興をアメリカが支援。55年のGATT加盟もアメリカの後押しで実現した。 |
| 60年代 | 日本の経済成長期。経済力はアメリカが圧倒的に優位であったが，繊維，鉄鋼などの対米輸出が急増し，アメリカが輸入規制を行った。 |
| 70年代 | アメリカはヴェトナム戦争の痛手から競争力を失い始める。カラーテレビ，繊維，鉄鋼でアメリカが輸入制限を行う。 |
| 80年代前半 | 日本の貿易黒字が大幅に拡大。<br>レーガン政権（1期目）は，日本に自動車，鉄鋼などの輸出自主規制を求めた。 |
| 80年代後半 | レーガン政権（2期目）は，日本に市場開放を求めた。<br>85年，日米間で分野別市場開放問題を扱う「MOSS（市場分野別協議)」開始。<br>87年，半導体問題で対日制裁実施。<br>88年，アメリカ包括貿易法成立。<br>89年，ブッシュ政権下で，「日米構造問題協議（SII)」開始。 |
| 90年代前半 | クリントン政権は，対日市場開放を強く要求。「結果重視アプローチ」採用。<br>93年，自動車・自動車部品，板ガラス，保険などを対象に，日米新包括経済協議開始。自動車など95年合意。 |
| 90年代後半 | 日本の景気悪化が顕著となり，マクロ経済政策を重視。<br>97年から電気通信，医療機器・医薬品，金融サービス分野などで規制緩和対話。鉄鋼分野での反ダンピング提訴などアメリカの保護主義的な動きも続く。 |

〈戦後の主な日米貿易摩擦〉

| 年 | 摩擦・協議 |
|---|---|
| 1969 ～ 71 | 日米繊維摩擦 |
| 1969 ～ 77 | 鉄鋼摩擦，カラーテレビ摩擦 |
| 1979 ～ | 日米自動車摩擦 |
| | コンピューター，半導体などをめぐるハイテク摩擦 |
| 1989 ～ 90 | 日米構造協議 |
| 1993 ～ 95 | 日米包括経済協議 |
| 1994 | 電気通信，紙製品・木製品の摩擦 |
| 1995 | 自動車摩擦再燃・日米自動車協定（1995 ～ 2000 年有効） |
| 1996 | 半導体摩擦再燃 |
| 1996 | 日米保険協議 |
| 1997 | 日米鉄鋼摩擦再燃 |
| 1998 | 日米通信協議に関連して「長期増分費用方式[3)]」導入 |

3）通信ネットワークのコストを市場価格で見直す方式。

重要度
★☆☆

# 2 南北問題

本節では，南北問題の本質と現状，そして国際社会において北の国々と南の国々がどのような対策をとろうとしたかについて重点をおきつつ学習していきましょう。

## 1．南北問題とは

### （1） 南北問題

［南北問題］

**南北問題**とは，先進国の多い地球上の「北」地域と，発展途上国の多い「南」地域との間にある経済格差あるいはそれによって発生する問題のことである。南北問題の存在がはっきりと浮かび上がったのは，途上国が次々と政治的独立を果たした1960年代のことである。その原因は次のような点が挙げられる。

① **モノカルチャー的経済構造**…特定の一次産品（農林水産物）に依存している経済構造のこと。その特産物の国際取引価格が下がると国際収支も悪化する。

② **累積債務問題**…債務（借金）を返済するために債務を重ねて，債務が雪だるま状に大きくなっていくこと。1980年代における南北問題の最大の課題

となった。債務国が成長路線に復帰することが解決の基本という認識が広がっている。

③ **人口爆発**…人口が急激に増加すること[4]。途上国では人口が増加し続けるために食糧生産が追いつかなくなるなど，経済発展を阻害しているケースが多くある。

## (2) 南南問題

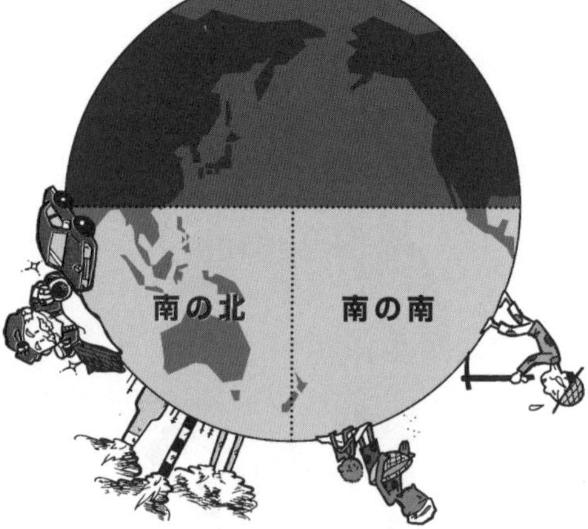


[南南問題]

資源もなく，また工業化も成功しなかった途上国は，貧しいまま取り残されることになった。同じ「南」の国の中で，はっきりとした経済格差が生じたのである。これを「**南南問題**」という。現在のところ，「南」諸国間の協力関係や内発的発展の試みも十分な成果を挙げておらず，有効な対策を講じられずにいる。

発展途上国のなかでも特に経済的発展が遅れている国のことを**後発発展途上国**（LDC：Least Developed Country）と呼ぶ。国連開発計画委員会（CDP）が認定した基準で，国連経済社会理事会の審議を経て，国連総会の決議により特に開発の遅れた国々が認定されるが，認定には当該国の同意が前提となって

4）人間を養うために農地を広げるべく焼畑をしたり，煮炊きをするための薪を確保するべく樹木の伐採を行うなど，地球環境問題との関係も指摘されている。

いる。3年に一度LDCリストの見直しが行われる。

## 2．南側諸国の動向

### (1) 資源ナショナリズム

1952年，第7回国連総会は「天然の富と資源を自由に開発する権利」に関する決議を採択し，また，62年の第17回国連総会では「天然資源に対する恒久主権」宣言へと発展した。さらに，66年の第21回国連総会では，外国資本の活動の国内法による管理が確認された。途上国はこうして国際法の分野で，資源・経済主権を国際社会に認めさせた。

また，途上国側は，世界全体の経済構造が先進国有利になっているという考えから，その修正を要求した。とりわけ，途上国側の思想的基盤となったのは「**資源ナショナリズム**」である。第一次オイルショックの経験から，途上国は「資源」が先進国に対抗する有力な武器であると理解し，先進国企業が採掘している天然資源を自らの手に取り戻し，それを武器に経済発展を図ろうとしたのであった。

### (2) 新国際経済秩序（NIEO）

1974年，第6回国連特別総会（通称：国連資源特別総会）で，途上国側は先進諸国側を激しく突き上げ，かねてからの主張を盛り込んだ「**新国際経済秩序（NIEO）**」の樹立宣言とその「行動計画」を全会一致方式で採択することに成功した。このNIEO樹立宣言は，先進国主導の国際経済体制を変革して，新秩序を樹立しようとする途上国の強い意向を具体的に表現したものである。特徴は次の点に見られる。

① 主権平等，平和共存，内政不干渉などの原則に基づいて，すべての国が平等の立場で国際経済決定過程に参加しうる新しい国際協力体制を築き，より遅れた国の発展を国際協調によって促進する。

② 第三世界諸国がそれぞれ自国の天然資源や経済活動についての主権（資源主権，経済主権）を確立して，自国資源を有効に活用しつつ，経済的自立への道を切り開く。

### (3) 新興工業経済地域（NIEs《ニーズ》）

1970年代は，南側諸国の団結が揺らいだ時期でもあった。それというのも，途上国の中から経済的な豊かさを享受する国が現れ始めたからである。その第1グループは，サウジアラビアやクウェートなどのアラブ産油国である。これらの国は，豊富な天然資源を持っているため，NIEOを背景にして経済を順調に成長させることに成功した。第2グループは，工業化を成功させた国で，「**新興工業経済地域（NIEs）**」と呼ばれている。台湾，香港，韓国，シンガポールが第一次NIEs，インドネシア，マレーシア，フィリピン，タイ，中国が第二次NIEsと呼ばれることがある。その他，ブラジル，コロンビア，インド，メキシコなどがNIEsになるといわれている。アジア諸国が成功したのは，内外需要の変化に対応した生産構造の変革，民間活力の動員，市場原理の徹底に加えて，慎重な借入政策をとったためであるとされる。

## 3．国連を舞台とした取り組み

### (1) 国連開発の10年

国連の南北問題に対する取り組みは1960年代に始まった。まず，ケネディ米大統領の提唱に基づき，国連総会は60年代の10年間を「**国連開発の10年**」とした。これは，先進国と途上国の国際協力によって，途上国全体の経済発展を促進しようとするものである。「国連開発の10年」はその後も続けられた。概略は次頁の表のとおり。

### (2) 国連貿易開発会議（UNCTAD《アンクタッド》）

1964年の国連総会で，途上国側の提案に基づいて「**国連貿易開発会議（UNCTAD）**」の設置が決議された。同年に行われたUNCTAD第1回総会において，途上国は「**G77（77カ国グループ）**[5]」を結成し，共同行動をとるようになった。UNCTADは，事実上，途上国側の事務局として1960年代から70年代の南北問題の討議に活躍した。その成果は主に次の2点に求められる。

5）G77は，その後参加する国は増加したが，名称はそのままである。

①　価格変動が激しい一次産品の価格について，消費国である先進国と協議して，あらかじめ大まかな決定をしてしまうというもの。

②　特恵関税の先進国が，途上国の製品に対しては特別に関税を低くする特恵関税を設定する。関税が低ければ製品を安く販売できるので，途上国の工業育成には有利に働くと期待された。

〈国連開発の10年〉

| 次・年 | 内　　容 |
| --- | --- |
| 第一次国連開発の10年（'61～'70） | 途上国のGNP成長率・年5％を目標とし，貿易の振興による開発の促進が図られた。UNCTADも設置されたが，人口の増大を背景に南北間の格差は逆に増大した。「挫折の10年」と評される。 |
| 第二次国連開発の10年（'71～'80） | 引き続き開発計画が設定されたが，この時期は1973年の石油危機を背景に，途上国の発言力が高まったといわれる。結局，成長率年6％という当初の目標は達成したが，天然資源を持つ国と持たない国という途上国間の格差＝南南問題を生んだ。 |
| 第三次国連開発の10年（'81～'90） | 成長率年7％を目標に掲げたものの，当初から途上国の累積債務問題や一次産品価格の下落などが表面化し，成長率は3％と停滞した。 |
| 第四次国連開発の10年（'91～'00） | 国際開発戦略として，経済の加速的成長，人口政策と人的資源の開発，貧困の緩和と飢えの除去，環境への配慮などを掲げている。過去の反省から部門別の数量的目標は定められていない。<br>今後の課題としては，環境などに配慮しつつ，より長期的な観点から開発を行うという点にあり，「持続可能な開発」と称される。 |

### (3) 人間の安全保障

**人間の安全保障**とは，外国からの軍事的脅威に対抗しようという「国家の安全保障」と対比される考えであり，環境破壊，人権侵害，難民，貧困などの人間の生存・生活・尊厳を脅かすあらゆる種類の脅威から人々を守り，各人の持つ可能性を実現するために，持続可能な個人の自立と社会づくりを目指そうとする考えである。

この言葉は，1994年に国連開発計画（UNDP）の『**人間開発報告**』で初めて使われたものであり，「人々が自由な選択の機会が失われないと安心できること」と定義された。この言葉は，元々は途上国民の生活改善を主目的とするものであったが，やがて少数民族への対応など広く人権一般の保護の問題に拡大され，具体的な政策としては予防的社会開発，ソーシャル・セーフティ・ネットの強化，国際的な人道支援などが人間の安全保障の趣旨に合致するとされる。

### (4) ミレニアム開発目標（MDGs）と持続可能な開発目標（SDGs）

2000年9月に開催された国連ミレニアムサミットにおいて採択された国連ミレニアム宣言をもとに，開発分野における国際社会共通の目標である**ミレニアム開発目標**（**Millennium Development Goals: MDGs**）がまとめられた。MDGsは途上国を対象に，極度の貧困と飢餓の撲滅など，2015年までに達成すべき8つの目標を掲げるものであった。期限までに，極度の貧困層の半減や初等教育の普及率改善などの目標は達成されたが，飢餓の撲滅や幼児死亡率の減少などの目標は達成できなかった。

このMDGsの後継目標として，2015年9月の国連サミットで採択された「持続可能な開発のための2030アジェンダ」にて記載された2016年から2030年までの国際目標が，**持続可能な開発目標**（**Sustainable Development Goals: SDGs**）である。持続可能な世界を実現するための17のゴールと169のターゲットから構成され，途上国のみならず先進国も対象としている。

## 4．先進国による ODA（政府開発援助）

先進国が途上国に対して行う経済開発，福祉向上のための金銭的，技術的支援のことを政府開発援助（ODA）と呼ぶ。ただし，援助のうち，民間銀行が貸し出す条件と比較して，贈与的な要素がどの程度あるかという指標，**グラント・エレメント**で25％以上のものに限定される（100％であれば完全な贈与）。またODAは，一つの途上国を対象とした「二カ国間援助」と国際機関を通じて行う「多国間援助」に分類される。

### ●日本の ODA と ODA 大綱

日本のODAに対する批判には，次のようなものがあった。

1）理念の欠如

2）贈与比率とグラント・エレメントの割合の低さ

3）インフラストラクチャ建設中心

こうした批判に対して，1972年に海外経済協力法を改正して，円借款のアンタイド化が進められた。さらに，1992年になると宮沢内閣は**ODA 大綱**をまとめ，公表した。ODAの基本理念として，人道的考慮，相互依存性の認識，環境保全，自助努力の支援[6)]を挙げ，大綱の原則としては次の四つを掲げた。

1）環境と開発を両立させる。

2）軍事的用途や国際紛争を助長する目的に使用されないようにする。

3）援助対象国の軍事支出，大量破壊兵器やミサイルの製造，武器輸出の動向などに注意する。

4）援助対象国の民主化の程度，市場経済導入の程度，基本的人権保障の程度などに配慮する。

2003年8月，小泉内閣は，ODA大綱を閣議決定により改定した。宮沢内閣当時と比べ財政は厳しくなっており，「日本のODAは本当に感謝されているのか」「効率的に使われているのか」など，納税者の疑問を寄せる声が高まったこともあって改定がなされた。

---

6）南北問題発生の初期においては，政府の役割を重視する傾向があったが，現在では国の発展の方向も形も，発展の主役である国民が決定するべきものであり，援助は国民の自助努力を支援するものと考えるのが一般的になってきている。

1）「わが国の安全と繁栄の確保に資すること」と国益重視の姿勢を明記。

2）国連やNGO，民間企業との連繋を強化する。

3）紛争やテロを防止し，平和の構築に貢献する。

4）相手国の要請に基づく「要請主義」を見直し，日本が主体的に援助を行う。

2015年に安倍内閣は新ODA大綱を改定し，名称を「開発協力大綱」に変更した。これは，本来のODAは途上国援助のみを指し，力点は貧困削減などに置かれるが，新大綱は従来のODAに加え，いわゆるODA卒業国も対象とするため，日本の安全保障や経済成長に役立つ対外協力に積極的に取り組む姿勢を打ち出したためである。また，国益の文言が初めて盛り込まれ，非軍事目的に限り他国の軍隊への援助も行うことが解禁された。

●アンタイド率

アンタイド率は，援助によって発生する物資調達先が援助する国に限定されない割合のことである。

1）一般アンタイド…まったく「ひも」のついていない援助

2）部分アンタイド（LDCアンタイド）…先進国から物資を調達する場合は援助国から輸入しなければならないが，発展途上国からであればどこから調達してもよいとする援助。

3）タイド…開発計画に必要な資材等の調達を援助供与国に限定することを条件にする援助。いわゆる「ひもつき」の援助。

## ポイント整理

**1** 第一次世界大戦後の金融の循環

世界恐慌による循環の崩壊→アメリカのニューディール政策，イギリス・フランス等のブロック経済

**2** ブレトン・ウッズ体制

IMF と IBRD の成立→国際通貨体制の維持

ニクソン・ショック→変動為替相場制への移行

**3** GATT 体制

ラウンド→自由貿易のルール構築

WTO の設立→紛争処理方式の変更（ネガティブ・コンセンサス方式へ）

**4** 南北問題

モノカルチャー経済と累積債務→南北の経済格差の拡大

国際社会の対応→ NIEO，国連開発の 10 年，UNCTAD の設立

NIEs 諸国の台頭→南南問題へ

ODA（政府開発援助）→ ODA 大綱（宮沢喜一）とその改定（小泉純一郎）

**5** 日米貿易摩擦

アメリカの対日貿易の赤字拡大→日米構造協議，日米包括経済協議

# Exercise

**問題① 第二次世界大戦後の国際経済に関する記述として妥当なのはどれか。**

（区　平18教養）

**1** アメリカを中心とする連合国は，ブレトン・ウッズ協定を結び，これに基づき，為替レートの安定等を目的とする国際通貨基金（IMF）と経済復興の資金供与等を目的とする国際復興開発銀行（IBRD）が設立された。

**2** 世界貿易機関（WTO）は，自由貿易を実現するために多角的貿易交渉を主導し，ウルグアイ＝ラウンドにおいて，関税引き下げに成果を挙げ，先進国における工業製品の輸入数量制限を撤廃した。

**3** アメリカのドル危機から金とドルの交換を停止するというニクソン＝ショックが起こり，主要各国は，為替相場を維持するため，スミソニアン協定により，固定為替相場制から変動相場制に移行した。

**4** 東京＝ラウンドでは，知的所有権の保護，サービスや農産物の貿易をめぐって各国で起こる紛争を処理するため，関税と貿易に関する一般協定（GATT）が締結された。

**5** アメリカの貿易収支の黒字が膨張したため，先進5か国蔵相会議（G5）が開かれ，ドル安を是正するために各国が協調するというプラザ合意が成立したが，貿易収支の黒字は解消されなかった。

**解説**

**1** ○　妥当な記述である。

**2** ×　ウルグアイ・ラウンドは1986年から開催された多角的貿易交渉のことであり，この時点では，まだWTO（世界貿易機関）は設立されていない。なおWTOは，このウルグアイ・ラウンドにおける合意に基づき，1995年に設立された機関である。

**3** ×　ニクソン・ショック（1971年8月）は確かに固定相場制から変動相場制への移行をもたらしたが，各国は一度，固定相場に復帰する協定を結んだことがある。それがスミソニアン協定（1971年12月）であり，スミソニアン協定により変動相場になったのではない。なお，この協定も長続きはせず1973年に変動相場へ再び移行した。

**4** ×　GATT（関税貿易一般協定）は1947年調印，1948年に発効した国際貿易協定であり，これに基づき開催されたラウンド（東京・ラウンド，ウルグアイ・

ラウンドなど）において，自由貿易のためのルールづくりを行ってきた。ゆえに東京・ラウンドによりGATTが締結されたという肢の記述は誤りである。

**5** ×　1985年に行われたG5（先進5か国蔵相・中央銀行総裁会議）でドル高を是正するため各国が政策協調をすることが定められた。これをプラザ合意という。その目的は，ドル高是正を行いアメリカの貿易赤字を解消することであり，黒字解消ではない。しかし，これらの努力にもかかわらず，アメリカの貿易赤字は解消しなかった。

**解答　1**

**問題②　第二次世界大戦後の国際経済に関する記述として，妥当なのはどれか。**　（区　平16教養）

**1**　ウルグアイ＝ラウンドでは，金融や通信などのサービス貿易の自由化の交渉が行われたが，特許権や著作権などの知的所有権の保護については取り上げられなかった。

**2**　ブレトン・ウッズ協定に基づき，第二次世界大戦後の国際経済の自由化と国際通貨体制の再建を目的として，世界貿易機関（WTO）と国際通貨基金（IMF）が設立された。

**3**　スミソニアン合意に基づいて，通貨の多角的な調整が行われ，新レートでの固定相場制の再建に成功し，通貨情勢は安定した。

**4**　プラザ合意では，日米欧の先進諸国が外国為替市場に協調介入してドル高是正を行うとされた。

**5**　キングストン合意では，国際通貨基金（IMF）が変動相場制度を正式に承認し，それを受けて主要各国は変動相場制へ移行した。

**解説**

**1** ×　ウルグアイ・ラウンドでは，サービス貿易の最恵国待遇についての合意や，知的所有権，海外投資なども議題にあがった。また，GATTにかわって世界貿易機関（WTO）を設立することも決定した。ちなみに，世界貿易機関（WTO）は，1995年に設立され，スイスのジュネーブに常設事務局があり，基本原則として最恵国待遇原則，内国民待遇原則，数量制限の一般的禁止をかかげ，知的所有権やサービス貿易を含めて，包括的な国際通商規律を定めている。

**2** × ブレトン・ウッズ協定とは，1944 年7月にアメリカのブレトン・ウッズで第二次世界大戦後の国際通貨ならびに金融制度に関して，連合国 44 か国が協定を結び，国際通貨基金（IMF）と国際復興開発銀行（IBRD）が設立されることとなった。ちなみに，国際通貨基金（IMF）は，国連の機関として為替相場の安定をはかることを目的に設立され，世界銀行とともに，国際金融秩序の根幹となっている。本部はアメリカのワシントン D.C にある。

**3** × スミソニアン合意とは，1971 年にアメリカのドルを金1オンス＝35 ドルから 38 ドルに切り下げ，各国通貨をドル表示するという固定相場制を導入したものであるが，1973 年2月にアメリカが再びドルを切り下げたため，各国は変動相場制に移行し，スミソニアン体制は崩壊した。また，スミソニアン合意により，日本の為替相場は1ドル＝360 円から1ドル＝308 円となり円切上げが行われた。ちなみに，これまでに記録した円の最高値は 2011 年の1ドル＝75 円台である。

**4** ○ 妥当な記述である。プラザ合意とは，ドル高是正のために，1985 年のアメリカ・イギリス・ドイツ・フランス・日本による G5（先進5か国蔵相中央銀行総裁会議）で，各国がドル売りの協調介入をすることで合意したものである。このプラザ合意をきっかけとして急激な円高ドル安が進んだ。

**5** × キングストン合意とは，1978 年に変動相場制の正式な承認と，金の公定価格の廃止，そして，IMF の特別引出権（SDR）の役割の拡大について合意したもの。各国が実質的に変動相場制へ移行したのは，1973 年2月のアメリカのドル再切り下げ後である。ちなみに，SDR とは，1969 年に IMF がつくった国際通貨のことで，IMF への出資額に比例して各国に分配されている。SDR が創設された背景は 1960 年代のドル不信で，ドルにかわり金での決済の需要が高まり，決済手段不足を補うためであった。

**解答 4**

**問題③ ODA（政府開発援助）に関する記述として，妥当なのはどれか。**

（都 平28教養）

**1** ODAとは，先進国が発展途上国に対して行う資金・技術提供であり，我が国では，JETRO（日本貿易振興機構）が一元的に実施している。

**2** ODAには，発展途上国を直接支援する二国間援助と，国際機関を通じて行う多国間援助とがある。

**3** ODAの二国間援助は，低金利で長期間貸し付ける借款を除く資金協力と，専門家派遣などの技術協力とからなっている。

**4** 我が国のODA実績は，近年その増加率が鈍化しているものの，最近10年間でみると先進国の中でトップの座を続けている。

**5** 我が国のODAの二国間援助の供与先を地域別にみると，最近では経済発展を背景にアジアの占める割合は減少し，中南米が最大の供与先となっている。



**解説**

**1** × 日本では，ODAはJICA（国際協力機構）が円借款，無償資金協力，技術協力の実施を一元的に行っている。

**2** ○ 妥当な記述である。日本のODA実績は，多国間援助よりも二国間援助の額の方が大きくなっている。

**3** × ODAの二国間援助は，「贈与」と「政府貸付等（有償資金協力）」からなっている。「贈与」の方法として採用されているのが，「無償資金協力」と「技術協力」である。

**4** × 2015年度版ODA白書によれば，日本のODA実績は純額で5位（総額では4位）となっている。1990年代後半は純額・総額ともに1位の時期が続いたが，その後は順位を下げている。最近10年間は，アメリカがトップの座を維持している。

**5** × 日本のODAの二国間援助の供与先は，1970年代以来アジアが1位である。近年は，中東やアフリカへの供与割合が増加している。

**解答 2**

**問題④　発展途上国への援助等に関する記述として最も妥当なのはどれか。**

（国般平 29 基礎）

**1** 後発発展途上国とは，財政事情の悪化などにより，2000 年まで発展途上国とみなされていなかった国のうち，それ以降に新たに発展途上国として国際連合から認定された国を指し，東南アジアの国々がその代表例として挙げられる。

**2** 発展途上国援助に関連する組織として，発展途上国援助の調整を行う開発援助委員会（DAC）や，世界銀行加盟国の一部によって活動が開始され発展途上国の中でも最も貧しい国々を対象として支援を行う国際開発協会（IDA）がある。

**3** 発展途上国と先進国との間の経済格差の問題を南北問題というが，近年では，発展途上国の中でも急速な経済成長を遂げた新興工業経済地域と，先進国との間で，発展途上国で産出される資源の獲得競争が問題となっており，これを南南問題という。

**4** 先進国側の働きかけにより，国連貿易開発会議（UNCTAD）が設立され，先進国と発展途上国との間の貿易拡大などが協議されたが，発展途上国では，先進国からの輸入品に対し関税面で優遇する一般特恵関税が義務付けられたため，両国間の経済格差が拡大した。

**5** 資源価格の高騰を背景に，欧州諸国に多額の資金を貸し付けていた中南米諸国では，1980 年代に欧州諸国の一部が債務不履行の危機に陥ったことで累積債務問題が表面化し，救済策として債務繰延べなどが行われた。

## 解説

**1** ×　「後発発展途上国」とは特に開発が遅れている国を指し，2000 年以降に新たに認定された国とは限らない。「後発発展途上国」の認定は国連の経済社会理事会の審議を経て，国連総会の決議によって行われているが，現在認定されている国をみると，東南アジアよりもアフリカの国々のほうが圧倒的に多い。

**2** ○　妥当な記述である。開発援助会議（DAC）は経済協力開発機構（OECD）の下部組織で，途上国に対する援助政策の調整などを行っている。また，国際開発協会（IDA）は最貧国に対する融資などの資金協力を主な目的とした国連専門機関である。IDA は「第二世界銀行」とも呼ばれ，国際復興開発銀行（IBRD）などと「世界銀行グループ」を構成している。

**3** ×　「南南問題」とは，発展途上国のなかの経済格差を指す。新興経済国と後発発展途上国との経済格差や，発展途上国のうち豊富な天然資源が産出される国と天然資源に乏しい国の間の経済格差などがあげられる。

**4** ×　「一般特恵関税」とは，先進国が途上国からの輸入品に一般の関税率よりも低い税率を適用する制度を指すので，肢文の「先進国からの輸入品に対して関税面で優遇する」という説明は妥当ではない。

**5** ×　1980 年代に中南米諸国の累積債務問題が表面化したのは，石油危機などによる景気停滞や世界的な金利高騰などの要因から中南米諸国が欧米から借りていた資金の返済が困難になったためである。「欧州諸国に多額の資金を貸し付けていた」中南米諸国が，欧州諸国の債務不履行によって打撃を受けたという記述は妥当ではない。

**解答　2**

# 第4章

## 国際機構

ここでは国際機構を学びます。国際機構は公務員試験における国際関係の科目からの出題としては，最頻出の分野になります。皆さんは，各国際機構ができた背景や組織がどのように設計されてきているのかを学んでください。

重要度
★★★

# 1 国際連盟と国際連合

国際連合は，現在の国際社会において最も普遍的な集団安全保障体制の機構です。世界政府として認識している人がいますがそれは誤りであり，原則として国際連合憲章という条約に加盟した主権国家によって成り立っている国際機構です。これに加えてそれ以前に存在した国際連盟は，国際連合ができるための先駆的役割を担った点をまずは理解してください。公務員試験においては，どちらの組織について問うているか，どちらの組織の説明か，といった点を確認して解いていくといいでしょう。

## 1．国際連盟

### （1） 国際連盟の成立

**国際連盟**は，もともとアメリカの**ウィルソン大統領**による「**14 カ条の平和原則**」に示されていた構想を実現させたものである。これは，第一次世界大戦の戦後処理に関して，理想主義的な立場から行った提案を教書としたもので，普遍的集団安全保障機構設立を説いた。また，この「諸国家の連合」という考えは，哲学者 I. カントの『永遠平和のために』から継承されている。1919 年に締結された**ヴェルサイユ条約**に**国際連盟規約**が記載されており，これに基づき，翌 20 年 1 月成立した。これにより，従来の勢力均衡による安全保障政策から**集団的安全保障政策**によって平和の構築が行われるようになっていった。

しかし，次のような原因によって，国際連盟は第二次世界大戦の勃発を防ぐことができなかった。

#### ① 大国の多くが国際連盟に加盟していなかった

集団的安全保障を行う上で，大国が参加していないことは実効性を欠くことにもつながり，致命的欠陥といえる。

1）アメリカ…上院が加盟を否決したために不参加

2）日本…満州事変後のリットン調査団の報告に反対して脱退

3）ドイツ…軍備平等要求を米英仏らに拒否されたため脱退

4）イタリア…エチオピア侵攻による国際連盟の経済制裁のために脱退
5）ソ連…フィンランド侵攻により除名

#### ②　総会や理事会での議決が全会一致制であった

大国と小国が平等に一国一票を保持することは，画期的なことであった。しかしながら，全会一致制を採用していたために，当事国が反対することによって議決ができない事態になってしまった。特に，制裁決議を行う場合に当事国や当事国と関係の深い国が反対することにより実効性のある決議ができなくなった。また，総会と理事会が同じシステムで議決を行うことで，同じような役割をする機関が並存することになってしまったことも問題点として指摘される。

#### ③　制裁手段が経済的・外交的なものに限定されていた

国際社会の安全を脅かす国に対して，軍事力を用いた制裁を想定はしていたものの，具体的な制度がなく，外交関係の断絶以外には経済制裁しかできなかった。経済制裁は効果が現れるまでに時間がかかり，また，資源を豊富に持つ国には有効性が低い。ある国が他国を侵略しても十分な制裁が行われなかったために，戦争に訴えると損をするという考え方を浸透させて，戦争を思いとどまらせることができなかったため，結果的には第二次世界大戦を防ぐことができなかった。

国際連盟は，第二次世界大戦を防げず，また，国際連盟と同様に集団的安全保障を行うための国際機構である国際連合が新しく成立したこともあって，1946年4月に解散した。

### （2）　国際連盟の機関

国際連盟では，連盟総会，連盟理事会，常設連盟事務局，常設国際司法裁判所が設置された。本部はスイスの**ジュネーブ**に置かれた。

1）**連盟総会**…全加盟国が参加する，「国際連盟の行動範囲に属しまたは世界平和に影響する一切の事項を処理する」機関である。表決権は各国1票で，全会一致制を採用している。これは，全加盟国に拒否権があるのと同様である。

2）**連盟理事会**…常任理事国と，総会にて選挙によって選ばれる非常任理事国（任期３年）から構成される。常任理事国は，当初，イギリス，フランス，日本，イタリアの４カ国であったが，ドイツとソ連は総会で過半数の同意があったため，加盟と同時に常任理事国となった。表決は全会一致制を採用していた。目的も総会と実質的に同様であり，同じ仕事をする機関が並存する状態になっていた。

3）**常設連盟事務局**…事務総長１名と事務局員とで構成され，加盟国の代表と同様に外交官特権を持つ。仕事は，国際連盟の事務一切を行い，また，加盟国が締結した条約の登録と加盟国への通知に関する事務も行う。経費は，総会で決定する割合が加盟国によって負担される。

4）**常設国際司法裁判所**…ハーグに設置された，国際的性質を有する一切の紛争について当事国の付託があった場合に裁判を行う機関である。その設置については，国際連盟規約に「連盟理事会は，常設国際司法裁判所設置案を作成しこれを連盟国の採択に付すべし」とあり，これに基づいて設置された。

## 2．国際連合

### （1）　国際連合の成立

**国際連合**は，国際連盟が第二次世界大戦の発生を防ぐことができなかった反省から，新たな集団的安全保障体制を構築することを期待して話し合われた結果としてできあがったとみることができる。その経緯は，次の表のようにまとめられる。

また，原加盟国は，サンフランシスコ会議の際の50カ国から，国際連合発足にあたり亡命政権であったポーランドが加わったため，51カ国[1]である。

1）2019年現在の加盟国数は193カ国である。

〈国際連合憲章成立までの主要な会議と宣言・条約〉

| 会議等 | 年月 | 場　所 | 参加国 | 宣言・条約 | 内　容 |
|---|---|---|---|---|---|
| 大西洋会談 | 41.8 | 大西洋上 | ルーズベルト（米）<br>チャーチル（英） | 大西洋憲章 | 第二次世界大戦に対する基本方針と戦後の平和構想 |
| モスクワ外相会談 | 43.1 | モスクワ<br>（ソ連） | モロトフ（ソ連）<br>イーデン（英）<br>ハル（米） | モスクワ宣言 | 世界的平和機構設置 |
| ダンバートン・オークス会議 | 44.8 | ワシントン<br>（米） | 米・英・ソ・中の代表 | 一般的国際組織機構確立に関する提案 | 世界的平和機構を国際連合として設立するための草案 |
| ヤルタ会談 | 45.2 | ヤルタ<br>（ソ連） | スターリン（ソ連）<br>チャーチル（英）<br>ルーズベルト（米） | ヤルタ協定 | 極東と欧州に関する秩序形成<br>大国一致の原則確認[2] |
| サンフランシスコ会議 | 45.4 | サンフランシスコ（米） | 連合国 50 カ国の代表 | 国際連合憲章 | （国際連合憲章の採択） |

国際連合の目的と原則は，国際連合憲章の第１章に明記されている。

目的は次の４項目である。

１）国際の平和と安全の維持

２）諸国間の友好関係促進

３）諸問題解決のための国際協力の達成

４）共通目的達成のための諸国の行動を調和

原則は次の７項目である。

１）全加盟国の主権平等原則

２）加盟国の権利及び利益を保障するための義務の履行

３）国際紛争の平和的解決

2）拒否権制度の導入が決定した。また，ソ連は連邦として１票を行使するほかに，ウクライナと白ロシアがそれぞれ１票ずつ表決権を保持することになった。これは，国連に参加することを渋ったスターリンのかけひきの成果であった。ソ連の参加がないと国際機関として機能しないとの考えから，ソ連参加の引き換えに，白ロシアとウクライナにも表決権を与えることになったのである。

4）武力による威嚇又は武力の行使を慎む
5）国連の防止行動や強制行動の対象になっている国への援助を慎む
6）非加盟国が国際平和や安全の維持に必要な限り原則に従って行動することの確保
7）第７章による強制措置を除き国内管轄権への不干渉

## （2） 国際連合の主要機関

国際連合には，総会，安全保障理事会，経済社会理事会，信託統治理事会，国際連合事務局，国際司法裁判所という六つの主要機関がある。本部は，アメリカの**ニューヨーク**におかれている。

① **国際連合総会**…全加盟国が参加する審議機関である。国連憲章の範囲内にある事柄について討議する。表決権は１国１票で，表決は，通常は単純多数決制で行われているが，平和と安全，新加盟国の承認，予算事項などの重要問題に関する表決には３分の２以上の賛成が必要である。総会の決議は，原則として加盟国を拘束できず，勧告にとどまる。通常総会は毎年９月に行われる。これとは別に，1）安全保障理事会の決定，2）加盟国の過半数の要請に基づいて事務総長が招集する特別総会がある。さらに，緊急特別総会もあり，これは，1）安全保障理事会のうち９カ国，2）国連加盟国の過半数，3）国連加盟国の過半数の同意を得た１加盟国，いずれかの要請があったときに24時間以内に開催される。

② **安全保障理事会**（安保理）…拒否権を持つ常任理事国５カ国（**アメリカ・イギリス・フランス・ロシア・中国**）と，任期２年で連続しての再選は禁止されている非常任理事国10カ国[3)]によって構成される，国際の平和及び安全の維持について重要な役割を果たす機関である。表決は，手続き事項が９カ国の賛成で，実質事項が常任理事国５カ国を含む９カ国の賛成で行われる。このように，常任理事国が反対すれば採択されないため，**拒否権**を持つと称される。安全保障理事会の決議は，国連憲章第25条に基づき，国連加盟国に対して**法的拘束力を持つ**。

③ **経済社会理事会**…経済的，社会的，文化的，教育的，保健的な国際事項

3）地理的配分に則って選挙が行われる。

と，それに関する研究や報告を行い，総会や加盟国，関連機関に勧告するための機関である。任期3年で，総会で選挙される54の理事国で構成される。連続しての再選は可能である。表決は1国1票であり，出席する過半数の賛成によって議決される。拒否権制度はない。

④　**信託統治理事会**…1995年のパラオ独立を最後に信託統治地域がなくなったため，実質的な活動は終了した。構成国は，1）信託統治地域の施政を行う加盟国，2）安全保障理事会常任理事国で信託統治地域の施政を行っていない国，3）総会によって選挙された任期3年のその他の加盟国，で成り立っていたが，現在は安保理の常任理事国のみである。

⑤　**国際連合事務局**…事務総長と必要とされる職員から構成される。事務総長は，安全保障理事会の勧告に基づき総会が任命する。その任務は，1）総会と各理事会から委託される任務の遂行，2）総会への年次報告等，3）国際の平和および安全の維持を脅威すると認められる事項について，安保理への注意勧告，4）緊急特別総会の招集，である。そして，事務局の職員は，事務総長により任命される。1997年には副事務総長が新設されている。

⑥　**国際司法裁判所（ICJ）**…国際連合の主要な司法機関である。任期9年の出身国が重ならない15名の裁判官で構成され，ハーグに設置されている。裁判官の選出は，総会と安全保障理事会が個別に選挙を行い，絶対多数を得た候補者が当選する。裁判を行うためには，全紛争当事国がその紛争を裁判に付託するという意思表示が必要である。

ただし，あらかじめ（国際紛争が生じた場合ICJで解決する）選択条項の**受諾の宣言**をすると，同じ宣言をしている国家との間では裁判の管轄権が生じ，一方的に裁判が始まることになる。2010年に日本はオーストラリアに，当時行っていた南極海での調査捕鯨が事実上の商業捕鯨であり，国際捕鯨取締条約に違反するとして提訴されたことがあった。受託の宣言は裁判の範囲を限定する留保をすることが基本的であるが，当時は捕鯨の分野を留保しておらず，審理が開始され，2014年3月に日本の敗訴という結果になった。

判決に従わない場合には，安保理によって必要な措置が取られる。また，裁判の当事者は国家に限られるが，国連未加盟国も安保理の勧告に基づき総会が個々に決める条件の下で当事国となることができる。

さらに，総会または安全保障理事会は法律問題について勧告的意見を要請することができ，その他の機関でも総会の許可を得るものは，その活動の範囲内において生じる法律問題について勧告的意見を要請することができる。主な例として，核兵器による威嚇またはその使用の合法性（1996年），人権報告者の地位（1999年），パレスチナ占領地域における分離壁の建設の法的帰結（2004年），コソボに関して一方的独立宣言の国際法上の合法性（2010年）などである。

国連の予算は，**加盟国の分担金**によってまかなわれている。2019年から2021年における負担率を見ると，最高はアメリカで22%，2位は中国で12.005%，日本は第3位で8.564%である。**最低分担率は0.001%**である。

## （3） 国連の専門機関

国連の専門機関とは，もともとは国連の機関ではなかったものが，連携協定を結ぶことによって国連と強い協力関係にある機関のことである。

① **国際労働機関（ILO）**…ヴェルサイユ条約で規定された機関であり，その歴史は国際連合よりも古い。本部はジュネーブ。目的は，労働条件の改善を通じて社会正義の実現を促すことにある。活動は，国際労働基準を設定する条約あるいは勧告を総会で採択すること，その履行監視，職業技能の開発，労使関係の改善，社会保障制度に関する技術協力活動があげられる。加盟国の政府代表2名，使用者代表1名，労働者代表1名に投票権がある。

② **国連食糧農業機関（FAO）**…1945年に設立された。本部はローマ。目的は，各国民の栄養水準と生活水準の向上，食糧および農産物の生産と分配の能率改善，農民の生活条件緩和により世界経済に貢献することである。

③ **国連教育科学文化機関（UNESCO《ユネスコ》）**…1945年に発足した。本部はパリ。目的は，教育，科学，文化，情報伝達を通じて国家間の協力を促進することで，平和と安全に寄与し，それによって正義，法の支配，人権及び基本的自由が世界中で尊重されるように推進を図ることである。

④ **世界保健機関（WHO）**…1948年に発足した。本部はジュネーブ。目的は，世界の人々の保健基準の向上，国際的な保健事業の推進とそのための調

査研究の促進や国際協力の達成である。活動範囲は，伝染病の撲滅，公衆衛生の向上，職業訓練，麻薬取り扱いの規制確立，必要な医薬品その他の物資の援助，などである。

⑤ **国際復興開発銀行（IBRD）**…1944年に設立された。目的は，第二次世界大戦で荒廃した国々に生産を行うための資本投下を実施することで，復興と開発を進めることであった。活動は，途上国への長期資金の貸し付け，融資を行うことである。出資金に応じた加重表決制度を採用している。世界銀行とも呼ばれる。

⑥ **国際通貨基金（IMF）**…1944年に設立された。本部はワシントン。目的は，国際通貨に関する国際協力と為替の安定・自由化を通じて，国際貿易の成長を促すことである。このため，加盟国は割当額に応じて出資金を自国通貨等で提供し，国際収支が赤字になったときには出資額に応じて引き出すことができる。

⑦ **万国郵便連合（UPU）**…1863年の国際郵便委員会，74年の一般郵便連合を経て，1948年に成立した。本部はベルン（スイス）。目的は，郵便事業の組織化とその完成を確保し，この分野における国際協力の推進を促すことである。また，通常の郵便，複数の国家を通過する郵便，特殊な郵便などについての条件や料金，規則などを決定する。

⑧ **国連工業開発機関（UNIDO）**…1966年に設立された。前身は国連工業開発センター。本部はウィーン。目的は，発展途上国の工業化を援助・促進し，そのために行われる国連諸機関の活動の調整を行うことである。活動は，工業開発計画の作成とその支援計画への助言，専門家の派遣や人材養成，調査研究などである。

⑨ **世界知的所有権機関（WIPO）**…1970年設立。目的は，特許，商標，著作権などの世界的知的所有権の保護，促進を行う。また，国際条約への加入と各国での立法との調整や，発展途上国へは近代化を通じての産業発展を促すことである。

⑩ **国際開発協会（IDA）**…1960年設立。IBRDよりも緩やかな条件で融資を行い，IBRDの活動を補完している。第二世界銀行とも呼ばれる。

## （4） 国連のその他の機関

国連の関係機関は，専門機関とは異なり，連携協定は結んでいないが，密接な協力関係にある国際機関である。

① **国際原子力機関（IAEA）**…1957年設立。本部はウィーン。目的は，核分裂性物質の監視，原子力開発の推進，機関によって提供される援助が軍事目的に利用されることのないようにすることである。活動は，原子力の平和利用のために研究，開発，実用化の奨励とそれに関する物資や施設などの提供である。また，IAEAは，NPT締約国の中の非核保有国との間に保障措置協定を結ぶことになっている。

② **世界貿易機関（WTO）**…GATTを発展的に解消して1995年に設立された。本部はジュネーブ。目的は，自由貿易体制の維持，世界貿易の推進とそこで発生する貿易問題の解決や処理，そのためのルール作りや調整である。

専門機関，関係機関以外に，総会によって創設された，総会附属・常設機関がある。

① **国連貿易開発会議（UNCTAD）**…1964年設立。本部はジュネーブ。目的は，発展途上国の意見が反映されるように国際貿易体制を再構築すること，貿易と経済開発の分野で起こる諸問題について原則と政策を策定し実施のための提案を行うこと，国連諸機関との調整がある。活動は，一次産品の国際協定や一次産品共通基金などを作り，技術移転の綱領や助言サービスがある。

② **国連児童基金（UNICEF《ユニセフ》）**…1946年に設立され，53年に常設化された。本部はニューヨーク。目的は，発展途上国の児童に対する医療や栄養補給などの援助活動の実施である。活動としては，児童にとって重要な問題について，各国政府と協力してさまざまなことを行うことがあげられる。

③ **国連難民高等弁務官事務所（UNHCR）**…1950年に設立。本部はジュネーブ。任務は，難民に対して国際的保護を与え，その難民の自発的帰還や新しい社会での同化を促進するために，政府や民間団体を援助することで難民問題の恒久的解決を図ることである。また，難民が亡命先で迫害を受けた

りしないようにすることもその仕事である。難民条約上難民とは見なされない国内避難民も支援の対象としている。

④ **国連環境計画（UNEP）**…1972年の国連人間環境会議で設立された。本部はナイロビ。目的は，国連諸機関の人間環境に関する諸活動を総合的に調整し，各国の環境問題を解決するために触媒的役割を果たすことである。活動分野は，健康と人間居住，環境と開発，地球監視，陸上生態系，海洋，水，砂漠化，軍備競争と環境，環境認識，地球支援の10項目である。

⑤ **国連開発計画（UNDP）**…1966年に設立された。本部はニューヨーク。その機能は，国連の開発協力活動を行う専門機関に対する資金供与と各機関の技術協力の調整である。また，生活水準の向上，迅速で公平な経済成長，環境的に健全な開発などを促進している。

⑥ **国連大学（UNU）**…1973年に採択された国連憲章により，75年に活動を開始した。本部は東京。大学という名称であるが，研究機関である。目的は，人類の存続，発展および福祉に関する緊急かつ世界的な問題の研究を行うことである。

## （5） 国連による紛争の解決

国連による紛争の解決の方法については，国連憲章によれば，平和的なものと武力を用いたものとがある。紛争の平和的解決は憲章の第6章に規定されており，平和に対する脅威，平和の破壊および侵略行為に関する行動は，第7章に規定されている。

国際連合憲章第43条には，**国連軍**の規定がある。国連軍は平和破壊国に対して**強制措置**をとるためのものであり，安全保障理事会と加盟国との間に結ばれる特別協定に基づいて，創設される。指揮権は各国ではなく安全保障理事会が持つ。安全保障理事会の下で軍事参謀委員会は兵力の戦略的指導に責任を負う。ただし，現在に至るまで国連憲章に基づいた国連軍は成立していない（朝鮮戦争の際に派遣された朝鮮国連軍は，憲章に基づく国連軍とはいえない）。

国連憲章に規定されていないものとして，**平和維持活動（PKO）**がある。これは，国連憲章第6章と第7章の中間的な内容であることから，「**6章半の活動**」とも呼ばれる。PKOの目的と定義は，「紛争地域の平和の維持もしくは回復を助けるために国際連合によって組織される軍事要員をともなう活動であるが，強制力を持たないもの」である。事務総長が指揮を取り，その活動予算は，国連加盟国に課される国連の分担金とは別に割り当てられる平和維持活動の分担金でまかなわれる。

PKO は伝統的には軍事部門で行われてきたが，近年は選挙監視などの文民部門やそれらを包括した活動も行われている。軍事部門では，非武装の将校で構成される**停戦監視団**と，加盟国が提供する軍隊で構成される**平和維持軍（PKF）**とに分けることができる。停戦監視団は，紛争当事者に停戦を守らせるための監視活動を行う。PKF は，停戦維持のほか，戦闘状態にあった各当事者を引き離したり，治安の回復を行ったり，武器の回収を行う。

PKO の派遣原則は，1）停戦合意の存在，2）中立・不介入，3）自衛の場合のみ武器使用可，の三つである。これをふまえて，安全保障理事会か国連総会の決議で実施される。

しかし，近年はこの 3 原則を必ずしも遵守しない PKO も展開されるようになっている。これは，冷戦終結後 PKO の数が大きく増え，さらにブトロス＝ガリ事務総長が 1992 年に発表した「平和のための課題」により，重武装の平和執行部隊による戦闘停止や武装解除を目的とした平和強制型の PKO が展開されることがあった。しかし，この構想によって第 2 次国連ソマリア活動（UNOSOM Ⅱ）という，受入国の同意がなく，自衛の範囲を超える武力行使が容認された PKO が展開されたものの失敗に終わり，再び伝統的な PKO に回帰していった。

その後再び PKO が強化される動きが起こっている。2000 年に出されたブラヒミ報告で PKO への強力な交戦規則の適用や装備充実を提案し，2008 年にはキャップストーン・ドクトリンの中で憲章第 7 章下の活動を肯定的に評価した。2010 年代になると，「保護する責任」を目的として武力行使の容認が再開されている。

## ●日本とPKO

### ①　PKO協力法の制定

日本は，湾岸戦争の際に，国際平和の維持について総額90億ドルに上る経済的貢献を行っているものの，「人的貢献」が少ないという批判を主にアメリカから受けた。こうした背景から，平成4年に「**国連の平和維持活動等に対する協力に関する法律（PKO協力法）**」が制定された。これは，自衛隊員を含む日本の公務員が，PKO活動に参加するときに守らなければならない原則などを定めた法律である。この法律に基づいて，国連カンボジア暫定統治機構（UNTAC）でのPKOに自衛隊が初めて派遣された。

日本のPKO派遣5原則は次のとおりである。

1）停戦の合意…武力紛争停止について当事者間の合意が存在すること。

2）当事者の同意…日本からの派遣について，PKOが行われる地域の国々と紛争当事者すべての同意が得られていること。

3）中立性…いずれの紛争当事者にも偏らない中立性を保つこと。

4）撤収…上記の条件が崩れた場合には，業務を中断して撤収すること。

5）武器の使用制限…小型の武器の携行は認めるが，その使用は生命・身体を守るためにやむをえない必要があると認める場合にのみ限定されること(2015年の安保法制により大幅に拡大)。



### ②　PKO協力法の改正

平成13年（2001年），「国際連合平和維持活動に対する協力に関する法律(PKO協力法)」は改正された。

この改正は，東ティモールにおけるPKO活動への自衛隊派遣等を念頭に置いたものである。

1）**国連平和維持軍**（PKF）**本体業務への参加凍結解除**

平成4年（1992年）6月に成立したPKO協力法の本文では，PKFの本体業務を行えることになっていたが，政治的配慮から**附則第2条**で「**別に法律で定める日までの間は，これを実施しない**」と**凍結**されていた。

2）**武器使用基準の緩和**

PKO協力法は，これまで自衛隊の武器使用について「**自己**又は自己と共に現場に所在する**他の隊員**の生命又は身体を防衛するためやむを得ない必要があると認める相当の理由がある場合には，その事態に応じ合理的に必要とされる限度で，**小型武器を使用**することができる」とされていた。

今回の改正で，防護の対象をテロ対策特別措置法と同じ「**自己の管理下に入った者**」にまで広げた。これによって，**他国のPKO要員や国際機関職員**らを防護するための武器使用も可能になった（「要人警護」のための武器使用は見送られた）。また，「**武器等**」**を防護するため**にも武器使用が認められるようになった（ただし，武器の使用に際しては，刑法36条または37条の規定に該当する場合を除いては，人に危害を与えてはならない）。

### ③　安保法制による自衛隊の任務拡大

2015年に成立した安保法制（安保関連法）により国際平和協力法が改正され，安全確保業務や駆け付け警護など任務が拡大した。また，その任務を遂行するためにPKO参加5原則に盛り込まれている「自衛の範囲での武器使用」に，自己保存目的や防護を超える武器の使用が認められることになった。また，PKO参加5原則の充足に加えて国連決議などがあれば参加できるようになった。これを受け，南スーダンのPKOに派遣されていた陸上自衛隊に，2016年11月からは駆け付け警護の任務も付与された。しかし，この新任務が実施されることはなく，2017年5月に陸上自衛隊の施設部隊は撤収した。

さらに，国際社会が実施するPKOに類似した平和安全活動にも，安保法制による国際平和支援法の制定に基づき，①国際社会の平和及び安全を脅かす事態であって，②その脅威を除去するために国際社会が国際連合憲章の目的に従い共同して対処する活動を行い，③我が国が国際社会の一員としてこれに主体的かつ積極的に寄与する必要があるとされる国際平和共同対処事態が生じた場合に，米軍のみならず諸外国の軍隊などに対する協力支援活動が実施可能になった。活動に際しては，国会における事前承認が例外なく必要となる。

### ●多国籍軍

多国籍軍とは，各国の軍隊が共同して行動をとる軍隊である。国連軍との違いとしては，自国の意思に基づいて行動する点があげられる。

重要度
★★★

# 2 地域的国際機関

ここでは，欧州連合や ASEAN といった地域的国際機関について学びます。なぜ，設立されたのか，また現在，どのような役割を果たしているのか，軍事，貿易，政治統合などの点に注目しつつ，歴史的変遷を理解しましょう。

## 1．欧州連合

### （1） 欧州連合の成立

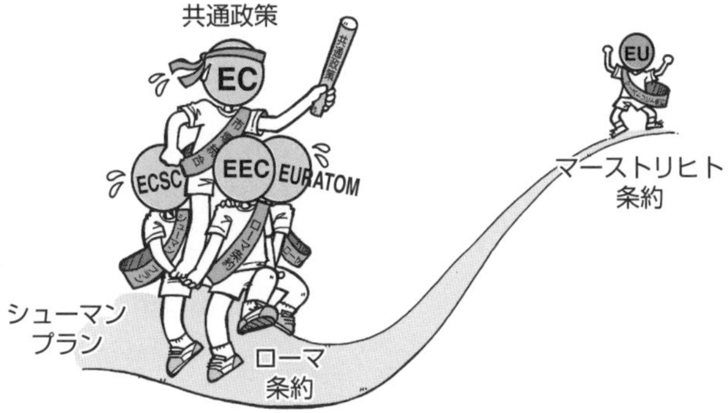


［欧州統合の経緯］

欧州連合の成立過程は，大きく三つの時期に分けることができる。第1期は「三共同体の成立期」である。第2期は「EC の成立期」である。第3期は「EU の成立期」である。以下，時代ごとに見ていくことにする。

第1期は，1950 年にフランスのシューマン外相によって「**シューマン・プラン**」が発表され，それによって「**ECSC（欧州石炭鉄鋼共同体）**」が設立された時期より開始される。シューマン・プランは，当時の基幹産業である石炭と鉄鉱石をめぐってフランスとドイツが争っていた[4] ことから，この両国の

4）普仏戦争後，ビスマルクがフランスからアルザス・ロレーヌを取り上げたように，フランスとドイツは伝統的に，鉄鋼や石炭の産地であるこの地方をめぐって争ってきた。これが両国の戦争の原因の一つともなっており，それを繰り返さないという配慮が働いたのである。

争いを未然に防ぐ意味で，石炭と鉄鋼を国際的な機関の共同管理下に置くことを提言したものである。これが，51年のパリ条約（ECSC設立条約）によって実現した。このときの加盟国は，フランス，西ドイツ，ベルギー，オランダ，ルクセンブルク，イタリアの6カ国である。

その後，**EEC（欧州経済共同体）**と**EAEC（EURATOM《ユーラトム》ともいう。欧州原子力共同体）**が成立していく。これは，1957年の**ローマ条約**によって設立されたものである。EECは，48年に成立したベネルクス関税同盟をきっかけに発展し，設立された。ベネルクス関税同盟は，ベルギー，オランダ，ルクセンブルクの3カ国間で，1）対外共通関税の設定，2）域内関税と輸入制限の撤廃，3）財政政策の接近，4）経済同盟という4段階で経済統合を完成させることになっていたものである。

続いて，それまでに成立した三つの共同体が並存し，ECが成立するまでの時期へと移っていく。この時期の出来事としては，EECが1962年に**CAP（共通農業政策）**の導入を始めたことがあげられる。共通政策とは，政策協調を図ることである。CAPの中身は「統一価格・共同体優先（保護主義）・協同財政」が三大原則となっていた。この結果として，1）価格保障による過剰生産と補償金による財政圧迫，2）アメリカとの輸出競争，3）GATTとの関係で価格の減額，を強いられることとなった。他に共通政策としては，1）共通通商政策，2）社会政策，3）そのほか，といったものがある。

さらにこの時期には，EECが漸進的に取り組んできた共同市場実現に向けた取り組みがあった。主に関税同盟において成果が著しく，特に域内関税の引き下げは1965年までには70%の品目の関税引き下げが実現された。また，CAPの予算決定に際し，その使途は欧州議会の管理下に置くべきとの提案もなされ，さらに，ローマ条約で多数決制が導入される予定であったが，この件には，フランスは反対していた（結局，7カ月間のボイコットを行った）。このフランスの抵抗もあって，「加盟国にとって死活問題となる重要事項」については**全会一致制**を残すことになった。これを「**ルクセンブルクの妥協**」という（66年）。ともあれ，こういった困難を経て，69年までには，さらに多くの分野で共同市場形成の目的を達成した。この過程で，共同市場形成の手段として三つの共同体の執行機関を統合することが決まり，EC（欧州共同体）が誕生することになったのである。

第2期は，ECの成立とその活動時期に当たるが，共同市場実現が特徴的である。まずECの成立は，「**欧州共同体の単一理事会と単一委員会を設立する条約（ブリュッセル条約）**」が1965年に調印されたことによる（67年発効）。

85年にドロール（フランス）はEC委員長に就任すると，強いリーダーシップを発揮した。同年6月に「**域内市場白書**」を公表し，財・ヒト・サービス・資本の自由化を目指し，そのための障壁を1992年末までに排除する作業スケジュールを提示した。さらに，86年2月に「**単一欧州議定書（SEA）**」が採択された（87年発効）。これにより，「欧州政治協力（EPC）」のための機構の制度化，特定多数決の導入，共同体法が異なる加盟国で異なる時点に異なって適用されることの黙示的承認，92年末市場統合完成を綱領化し，それに必要な権限がEC委員会に付与された。

1989年に至ると，イギリスを除く11の加盟国によって「労働者の基本的社会権に関する共同体憲章（社会憲章）」が採択された。これは，強制力は有しないが，社会分野における共同体立法を採択するための方向性を示すことにあった。また，経済通貨同盟に向けた問題研究をする委員会が設置され，同年に「ドロール報告[5]」が提出され，経済通貨同盟を実現するための3段階が示された。

第3期は，EUの成立とその後の時代である。EUは，1992年2月にオランダの**マーストリヒト**で「**欧州連合条約（マーストリヒト条約）**」が署名され，93年11月に発効したことで成立した。

欧州連合条約は三つの柱から構成されている。すなわち，「大幅改正を受けた既存の共同体および共同体法」「共通外交・安全保障政策に関する規定」「司法・内務分野における協力に関する規定」である。第二・第三の柱は，加盟国が共通行動をとることを約束する分野である。第一の柱について具体的に見てみると，欧州連合条約によって，三共同体条約は大幅な変更が加えられている。主な変更点としては，1）EECが三つの共同体における中核的な地位が認められかつ経済には本来属さない分野において新たな権限が付与され，このEECのみでもECと呼称することにしたこと，2）**欧州連合市民権**が創設さ

5）内容は，「資本移動の自由化・経済収斂の促進・単一通貨の導入」である。

れたこと，3）1999年までに**経済通貨同盟**を実現すること，4）社会憲章の枠組みにより社会政策を発展させること[6]がある。

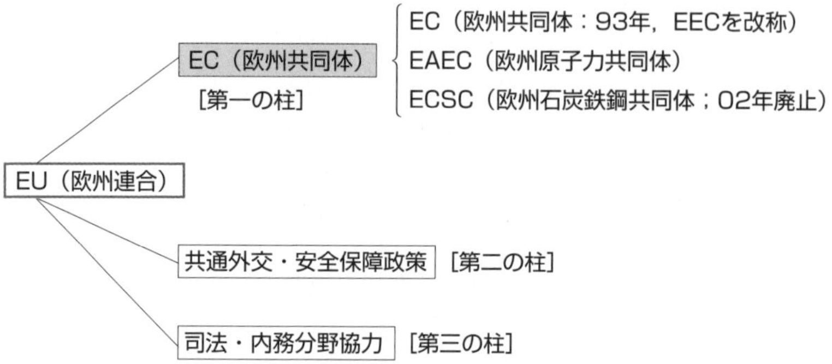


［EU・ECの仕組み］

### ●欧州連合市民権

欧州連合条約によって規定されており，各国の国籍法により認められた加盟国の市民が同時に連合の市民でもあるというものである。その権利としては，次のようなものが認められている。

1）EC条約に定める制限及び条件の下で，共同体域内において自由に移動し，居住する権利

2）居住する先の加盟国で行われる地方自治体選挙及び欧州議会議員選挙において，投票し，立候補する権利

3）国籍国が代表を置いていない第三国の領域において，他の加盟国の外交または領事当局による保護を受ける権利

4）共同体の活動分野に属する事項について，欧州議会に請願を行う権利

また，1992年5月，欧州自由貿易連合（EFTA）加盟の7カ国は，EEC，ECSC，共同体加盟国との間に，**欧州経済領域（EEA）**を創設するための協定に署名した（94年1月発足）。なお，スイスは国民投票で批准を否決したため，加盟していない。EEAは，ECおよびEFTA（スイスを除く）領域内におけ

6）イギリスは参加していない。

るヒト・サービス・資本の自由移動に関する規定を組み合わせた高度な自由貿易体制を創設することが目的である。

## (2)　欧州連合の発展

1997年には「マーストリヒト条約」を改正した「**アムステルダム条約**」が採択された。この条約の要旨は次のとおりである。

1）EU基本原則に違反した加盟国を制裁できるほか，将来のEU拡大に向けて「**建設的棄権制の導入**」を行っている。

2）共通外交と安全保障政策の決定方式については，それまで全会一致制が原則とされていたが，共通戦略や軍事的行動の決定は全会一致であるものの，選挙監視や行政管理などの具体的行動については**特定多数決制**で意思決定を行うことになった。

3）過半数の加盟国が先行して，多段階に特定分野の統合を進めることができることにもなった（**先行統合**）。

そして，2000年12月に行われたニース会議で，アムステルダム条約の改正（**ニース条約**）が合意された。この改正は中東欧諸国の新規加盟に備えたもので，改正の要旨は次のようになっている。

1）**多数決制の拡大**…政策決定の効率化を目的とし，理事会での全会一致制を必要としない分野を拡大する[7]。

2）**先行統合**…一部の国の反対で実現できない全会一致の分野（共通外交・安保政策，司法・内務協力も適用可。ただし軍事・防衛的事項は適用除外）を対象として，**最低８カ国**の参加があれば実施できることになった。

3）**理事会での持ち票**見直し…改正前は各国10～12票ずつ配分されていたが，ドイツ・フランス・イタリア・イギリスの29票からルクセンブルクの4票までに改定する。

4）**欧州委員の人数**の変更…従来はフランス・ドイツ・イギリス・イタリア・スペインの5カ国が2名，その他の国が1名ずつの計20名であったが，改正により各国1名という上限も設定された。

ニース会議では，アムステルダム条約改正のほかにも決まったことがある。

7）税制や社会保障の分野は見送られた。

まず，「欧州基本権憲章」が調印されている。法的拘束力はないものの，EUが守るべき権利を網羅しており，死刑制度，クローン人間の禁止，ストライキ権，個人情報の保護について合意された。さらに，緊急対応部隊を軸にした軍事機構発足についても合意されている。WEU（西欧同盟）を解体・吸収し，政治安全保障委員会・軍事委員会・幕僚部を設立することになった。それから，欧州食糧庁の設立も合意されている。BSE（牛海綿状脳症）や遺伝子組換作物の拡大で不安が増大していることから，食品の安全性を監視する専門機関として設置されることになった。

さらに，2003年4月，**EU**（ヨーロッパ連合）はギリシャ・アテネで首脳会議を開催し，ここで，04年からの加盟を承認された**計10カ国の新規加盟**の条約調印式を行った。これにより，**EUは04年5月より，15カ国体制から**

［EU加盟28カ国］

**25カ国体制となった。新規加盟国は，エストニア，ラトビア，リトアニア，ポーランド，チェコ，スロバキア，スロベニア，ハンガリー，キプロス，マルタ**の各国である。次いで**07年1月**には，ブルガリアとルーマニアが加盟し，さらに**13年にクロアチア**が加盟したことで**28カ国体制**となった。

現在までのEU加盟国の推移は次のとおりである。拡大する一方のEUであったが，2016年にイギリスで行われた国民投票の結果，イギリスはEUから離脱することになった。当初の離脱期限は2019年3月29日であったが，合意がまとまらず，断続的に期限が延長されている。

〈EU加盟国の推移〉

| 年 | 加　盟　国 | 加盟国数 |
|---|---|---|
| 1951 | フランス，西ドイツ（現ドイツ），イタリア，ベルギー，オランダ，ルクセンブルク | 6カ国 |
| 1972 | イギリス[8]，アイルランド，デンマーク | 9カ国 |
| 1981 | ギリシャ | 10カ国 |
| 1986 | スペイン，ポルトガル | 12カ国 |
| 1995 | オーストリア，フィンランド，スウェーデン | 15カ国 |
| 2004 | エストニア，ラトビア，リトアニア，ポーランド，チェコ，スロバキア，スロベニア，ハンガリー，キプロス，マルタ | 25カ国 |
| 2007 | ブルガリア，ルーマニア | 27カ国 |
| 2013 | クロアチア | 28カ国 |

注：ノルウェーは加盟申請したが国民投票による否決で批准書を寄託しなかった。

2004年6月には，EUは，それまでに作られた関連条約を集約した**EU憲法条約**を採択した。同条約は名称に「憲法」を掲げ，EU旗，EU歌など，統合の象徴も定める他，EU首脳会議常任議長（通称：**EU大統領**）を設置するなど，EUのより一層の統合を加速させることを象徴するものであった。

しかし急進的すぎる内容に，EU各国の市民の一部は反発し，実際，フラン

8）イギリスは，1961年に加盟申請を行ったが，フランスの反対で拒否されたことがある。67年にも加盟申請を行ったが実現に至らなかった。

スとオランダでは，国民投票によって同条約の批准が拒否された。

そこで2007年において，国家統合を想像させる「憲法」の名称を削除し，かつEU憲法条約の内容を簡素化した**リスボン条約**（EU改革条約）を採択した（発効は2009年12月）。主な注目点を挙げると，①EU首脳会議常任議長を創設，②欧州委員会の副委員長を兼任するEU外交・安全保障上級代表の新設，③意思決定方式は，「加盟国数の55%以上」と「EU総人口の65%以上」の賛成による可決する「二重多数決方式」に変更（完全実施は2017年3月末），④ただし，外交，安全保障，税制，社会保障政策の各分野は，全会一致の決定方式を維持，などである。

### （3） 欧州連合の主要機関

欧州連合の主な機関は以下のとおりである。

① **EUサミット（欧州理事会）**…加盟国首脳，欧州委員会委員長，欧州理事会常任議長（EU大統領：任期2年半）で構成される会議であり，EUの**最高意思決定機関**であると位置づけられている。欧州理事会議長は，リスボン条約発効以前は，輪番制であったが，リスボン条約発効後は，常任議長を置くこととなった。ただし，議長の職務は主として，司会と調整であり，表決権はもたない。会合は**年に4度**，欧州連合の本部が置かれているブリュッセルで開催される。

② **欧州議会**…欧州議会は，定員751名の議員で構成される。1979年以降，18歳以上の欧州市民による**直接普通選挙**によって選出されている。各国を一選挙区とし（ただし，一部の国は複数選挙区を保持），加盟国の人口比によって議席が配分される（ドイツ96議席～マルタ6議席）。本国以外の加盟国に居住している欧州市民にも参政権が保障されている。また立法権については，法案提案権を保持しない（欧州委員会が同権を保持）。欧州議会の主な職務は，**諮問手続**（意見表明権），**協力手続**（国内法の「批准」に準じる手続），**共同決定手続**（委員会提出の法案を審査する権限で，閣僚理事会と同権を共有）であり，これらを通じての審議・議決権を行使する。

③ **EU理事会（閣僚理事会）**…閣僚理事会は，各加盟国の閣僚級によって構成される。実際の会議には，議題に応じて異なる閣僚が出席する。閣僚理事

会は，欧州議会とともに，**欧州委員会提出の法案を審議・決議**する（共同決定手続き）。

④　**欧州委員会**…欧州委員会は，**28名の委員**で構成される（28名中，1名は委員長，7名の副委員長が置かれる。副委員長のうち，1名はEU外交・安全保障上級代表を兼務する）。主な職務は，法案の提案，決定事項の実施，予算の執行，欧州連合の日常業務の運営であり，EUの**政策執行機関**であると位置づけられている。委員会の職務は委員の合議により運営される。加盟国から1名ずつ委員が任命されるが，加盟国の利害を離れ，EUの一般的な利益のために行動しなくてはならないこととされている。

⑤　**欧州司法裁判所**…**欧州連合の最高裁判所**と位置づけられており，各国から1名ずつ選出された**28名の判事**で構成される。主な職務はEUの各種条約が適切に解釈され，適用されるようにはかることである。加盟国がEUの条約に伴う義務を履行していない場合は，高額の罰金を科すこともある。また，加盟国の裁判所の申請に応じて，共同体法の要点の解釈や妥当性について先決的判決を下す。1989年に下級裁判所である**第一審裁判所**が併置された。加盟国だけでなく，自然人，法人も裁判の当事者として扱う。

⑥　**欧州中央銀行**（ECB）…欧州中央銀行は，ユーロ圏における中央銀行である。主な職務は，ユーロ圏全体の金融政策を担い，また欧州単一通貨ユーロの発行・管理も行う。総裁が1名置かれ，また法人たる欧州中央銀行と，ユーロを通貨として採用しているか否かにかかわらず，EUの全加盟国の中央銀行によって構成される欧州中央銀行制度が設置されている。さらに，ユーロ加盟国の中央銀行総裁で構成されるユーロシステムも併設されている。

⑦　**欧州対外活動庁**（**欧州対外行動庁**／EEAS）…リスボン条約に基づき2011年1月に正式発足した。EU版外務省ともいわれる。EUのいずれの組織からも独立しており，欧州委員会の対外関係総局，EU理事会事務局の対外関係部門および加盟国外務当局から編入されたスタッフなどにより構成される。役員会の下に，地域・機能ごとにわかれた局があり，EUの外交政策を立案，執行する。長である外務・安全保障政策上級代表がEU外相と呼ばれる。

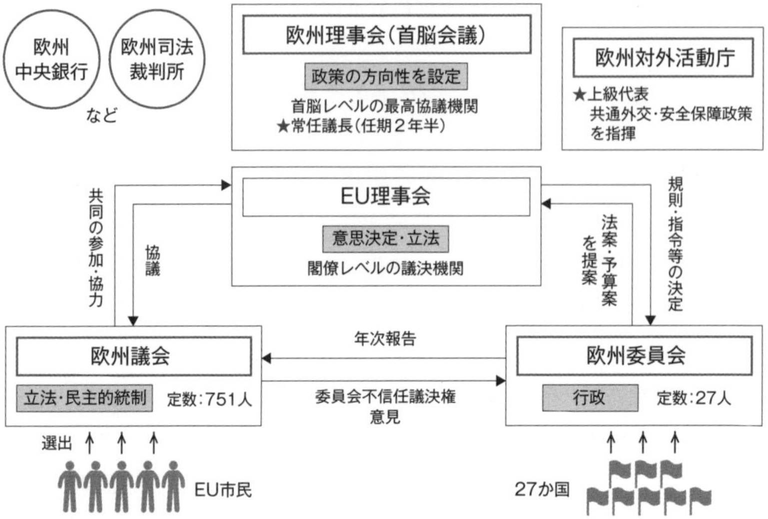


出典：外務省ホームページ
(https://www.mofa.go.jp/mofaj/press/pr/wakaru/topics/vol53/index.html)

［欧州連合（EU）機構図］

## （4） 経済通貨同盟（Economic and Monetary Union：EMU）

**経済通貨同盟**は，共通経済政策というよりは「加盟国の経済政策の緊密な調整」である。EMU は各国通貨の交換レートを固定し，単一通貨および単一の通貨・為替交換レート政策を導入することを目的としている。共同体および加盟国は，安定した物価，健全な公共財政および通貨条件並びに持続的な収支均衡という「指導原則」に合致するように政策を遂行することを要求される。

2019 年 9 月現在，EU 加盟国のうち**ユーロに参加しているのは 19 カ国**である。

## （5） ロメ協定

EC 条約は，EC 諸国とその植民地との連合制度を定め，特恵関税を認めていた。1960 年以降，植民地のほとんどは独立したが，EC との間で EC の援助・特恵関税を望み，新たな関係が作られることになった。61 年と 69 年のヤウンデ協定，71 年のアルーシャ協定がそれである。この後，イギリスの EC

加盟に伴い，1975年，アフリカ・カリブ海・太平洋（ACP）諸国46カ国とECの間に結ばれたのが**ロメ協定**である。内容は，ACP諸国に特別待遇を与える補償的不平等原則を柱としている。対等なパートナーシップ，主権尊重，互恵と相互依存，自律的発展および安定した協力関係を基本原則に，経済的文化的社会的発展を広範にカバーする包括的な開発協力の枠組みとして存在し，発展してきた。

ロメ協定は，79年，84年，89年の3回にわたり調整交渉が行われ，以下のように改定されてきた[9]。当初のロメ協定は，具体的には，次のような構成要素からなっていた。まず，EC向けのACP工業製品と農産物に対する関税と数量制限の撤廃，次いでACPの一次産品価格安定のために，所得補償を通じて価格を市場作用から切り離すスタベックス制度，その他，欧州開発基金を通した金融協力や技術移転協力などである。第二次協定ではACP諸国の鉱産物生産輸出能力維持のための贈与と特別借款制度が導入され，第三次協定ではスタベックス発動基準を緩和し，第四次協定では構造調整，人権など，発展途上国政府のあり方を問題にする援助哲学に移行した。

## 2．その他の国際機構

### (1) ASEAN《アセアン》

**ASEAN（東南アジア諸国連合）**は1967年8月バンコクにおいて，インドネシア，マレーシア，タイ，フィリピン，シンガポールの5カ国によって設立された地域協力機構である。その目的は，経済・社会・科学分野における地域協力であり，具体的にはASEAN設立宣言の中で，地域の経済成長，社会的進歩および文化的発展を推進すること，地域の平和及び安定を促進すること，などがあげられている[10]。そして，1976年に政治分野も正式に協議対象に含められた。80年代には，地域全体の経済発展を目指すようになるとともに，93年には**ASEAN自由貿易地域（AFTA）**が形成された。AFTAは，農産物を除くすべての鉱工業品と農産物加工品を対象にして，15年以内に域内の関税

9）山根裕子著『新版EU／EC法』有信堂，P.343

10）もともとは，冷戦体制の下でヴェトナム戦争が激化するなか，反共の立場を共有する5カ国が社会主義に対抗するために，結束して西側諸国から協力を取り付け，経済発展を図りつつ，大国の内政干渉を排除することを目的にしていた。

を0～5%に引き下げるCEPT（共通特恵関税），域内産業の相互補完によって規模の利益などを実現するために特定の域内貿易に対して定率関税を前倒しで適用するAICO（ASEAN産業協力スキーム），外国投資の申請・認可手続きを迅速化するAIA（ASEAN投資促進スキーム）などが合意されている。

加盟国の推移は次のとおりである。**ASEAN10**の実現により，域内人口は約5億4,000万人となっている。

**〈ASEAN加盟国の推移〉**

| 年 | 加　盟　国 | 加盟国数 |
|---|---|---|
| 1967 | インドネシア，マレーシア，タイ，フィリピン，シンガポール | 5カ国 |
| 1984 | ブルネイ | 6カ国 |
| 1995 | ヴェトナム | 7カ国 |
| 1997 | ラオス，ミャンマー（ビルマ） | 9カ国 |
| 1999 | カンボジア | 10カ国 |

ASEANの政治システムは，ASEANの最高決定機関である首脳会議，政策指針の策定と諸活動の調整を行う年1回定例の外相会議，経済担当閣僚会議，拡大外相会議のほか，**ARF（ASEAN地域フォーラム）**がある。拡大外相会議は，年次外相会議の直後に行われるもので，ASEAN諸国のほか，EU，オーストラリア，日本，ニュージーランド，カナダ，アメリカ，韓国，中国，ロシア，インドが域外対話国・機構として参加する。ARFは，冷戦後のアジア太平洋地域における安全保障の枠組み作りを目指してできた多国間協議の場であり，1994年にバンコクで初開催された。ASEAN10カ国と拡大外相会議参加国（含むEU），パプアニューギニア，モンゴル，北朝鮮，パキスタン，東ティモール，バングラデシュ，スリランカの計26カ国・機構が参加する。

ASEANはさらに地域統合を進め，ASEAN共同体を設立する構想がある。その一環として最初に設立されたのが**ASEAN経済共同体（AEC）**である。AECは当初2020年の発足を予定していたが，2015年末に前倒しで設立された。

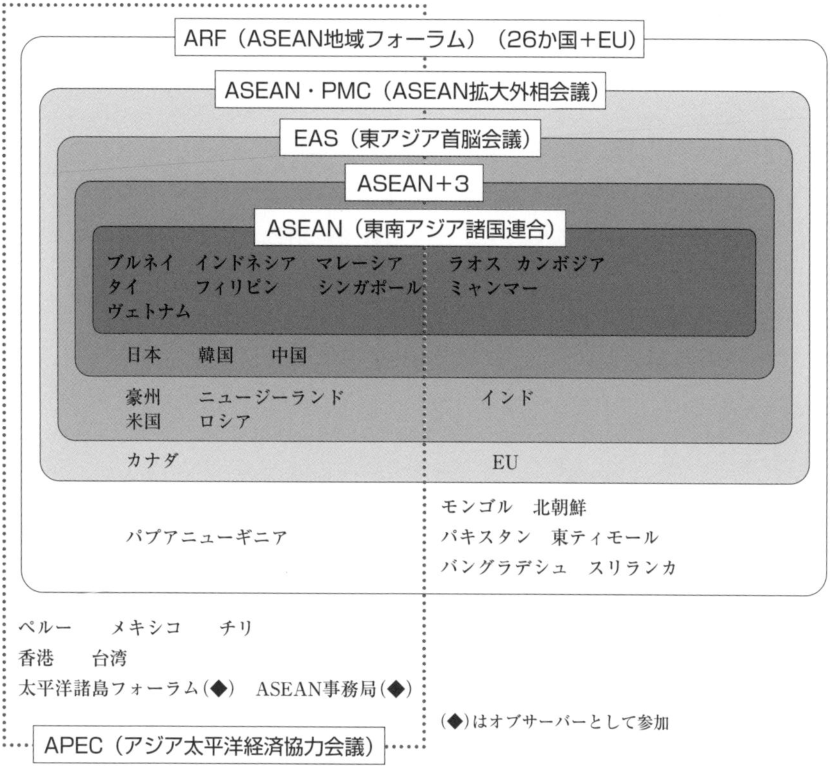


［アジア太平洋地域における国際的枠組み］

## （2） ASEM《アセム》

**ASEM（アジア欧州首脳会議）**は，ASEAN を中心としたアジア諸国と，EU 諸国の首脳による会議である。1996 年にバンコクで第 1 回が行われ，経済問題を中心に協議した。この中で自由貿易の推進，メコン開発協力，アジア欧州基金の設置などが合意された。98 年にはロンドンで第 2 回会議が行われ，アジア経済危機への解決に向けた協力が主要議題となった。2000 年に行われたソウル会議は，経済・金融関連の討議を行い，各国首脳は情報技術（IT）分野で，アジアと欧州とを高速専用線で結ぶ「ユーラシアネットワーク構想」を開始することを確認した。また，朝鮮半島の南北和解を支持する「朝鮮半島和平に関するソウル宣言」が採択された。

## (3) APEC《エイペック》

**APEC(アジア太平洋経済協力会議)** は, 1989年, オーストラリアのホーク首相の提案に基づいて, 自由貿易を尊重する太平洋周辺の諸国が, より開放的で活発な経済交流を目指して創設した「協議機関」である。通常の地域機構とは異なり, 意見交換を行う緩やかな集まりであるといえる。そのため, 非公式の首脳会議や, 「作業グループ」と呼ばれる経済分野ごとの協議の場が設置されている。

APECの歴史としては, 次のような事柄があげられる。

〈APECの歴史〉

| 年 | 会議・宣言・内容 |
|---|---|
| 1989 | 12カ国が参加し, アジア太平洋地域の政府間地域協力としてAPEC発足 |
| 1991 | 中国, 香港, 台湾が参加し, 15カ国・地域に |
| 1993 | メキシコ, パプアニューギニアが参加し, 17カ国・地域に<br>この年から首脳会談が始まる |
| 1994 | ボゴール宣言…貿易・投資の自由化を, 先進国は2010年, 途上国は2020年までに達成する。チリが参加し, 18カ国・地域に |
| 1995 | 大阪行動指針…個別行動計画と共同行動計画を策定 |
| 1998 | ロシア, ヴェトナム, ペルーが参加し, 21カ国・地域に |

## (4) EFTA

**EFTA(欧州自由貿易連合)** は, 1960年, EEC結成に対抗するために設立された自由貿易のための緩やかな統合体である。当初はイギリス, ポルトガル, デンマーク, スウェーデン, オーストリア, ノルウェー, スイスで構成されていたが, イギリスなどがECへ移っていったために, 現在はスイス, リヒテンシュタイン, ノルウェー, アイスランドの4カ国で構成されている。スイスを除くEFTA諸国は, EUとの間にEEA(欧州経済地域)を設定していることも特徴である。EEAは, 商品, サービス, ヒト, 資本の自由な移動を保障した地域であり, 1991年に作られた。

## （5） NAFTA《ナフタ》

**NAFTA（北米自由貿易連合）** は，1989年に成立した米加自由貿易協定の拡大版である。アメリカ，カナダ，メキシコによって1992年に調印され，94年に発効した。内容は，市場への参加，通商規則，サービス，投資，紛争解決といった広い範囲の内容を網羅した自由貿易圏の設立である。関税についても，最長15年でゼロにする予定になっている。加盟国の拡大についても，西半球全体に広げる構想がある。

## （6） MERCOSUR《メルコスール》

MERCOSUR（南米南部共同市場）は，アルゼンチン，ブラジル，ウルグアイ，パラグアイの4カ国が1991年11月，アスンシオン条約に合意したことにより，95年1月から始まる。具体的には，財，サービス，労働の域内自由市場創設を目指している。95年から翌年にかけて，EUと2005年を目標に共同市場を構築する協定，ボリビアと経済補完協定，チリと自由貿易協定を結んでいる。また，2000年8月の南米サミット（ブラジリア）ではMERCOSURとアンデス自由貿易圏を統合する新自由貿易圏の創設が合意された（ブラジリア宣言）。2006年にベネズエラが新規加盟，さらにボリビアが2012年に加盟議定書に署名し，各国議会の批准待ちである。2015年9月の時点で6カ国体制となっている。

## （7） OSCE

1975年にヘルシンキで，ヨーロッパのほとんどの国とアメリカとカナダを加えた35カ国の首脳が集まり，ヨーロッパの緊張緩和と相互安全保障について話し合った **CSCE（全欧安保協力会議）** がOSCEの前身である。CSCEは当初，東西欧州間の緊張緩和と相互の安全保障のための協力関係樹立を目的としていた。この第1回会議の最終文書である「**ヘルシンキ宣言**[11]」は，東西欧州間の信頼醸成措置を講ずることを訴えており，欧州におけるデタントの第一歩として評価された。1980年代後半以降，冷戦の終結によってNATO（北大西洋条約機構）とワルシャワ条約機構の対立を超えた欧州新秩序を模索する上

11）安全保障，経済，人権問題の三つから成り立っている。

で，CSCEの重要性が高まった。そして，1995年1月に，CSCEは**OSCE（欧州安保協力機構）**に改組された。現在は57カ国が参加する**地域的集団安全保障機構**として活動している。

OSCEは「**全会一致マイナス1**」と呼ばれる方法を採用している。これは，当事国の拒否権を認めず，当事国を抜きにした形での制裁措置を決定することのできる方法である。

OSCEの成果としては「**欧州安定化条約**」があげられる。これは，1995年3月，OSCE加盟国の外相によって開催されたパリ会議で採択されたもので，少数民族保護と国境紛争の予防を目指している。この条約はあくまでも紛争予防外交の一環であり，すでに発生してしまっている地域紛争には効力をもたない。また，本条約の承認が，今後のEUとNATOの加盟条件とされたことも注目に値する。また，99年には「欧州安全保障憲章」を採択している。

## （8） NATO《ナトー》

1949年4月，**アメリカはカナダと西欧諸国との間に軍事同盟**を発足させた。これが**NATO（北大西洋条約機構）**である。これにより，アメリカは西欧各地に軍隊を駐留させることになった。55年には，西ドイツの再軍備とNATO加盟が決まり，これがワルシャワ条約機構を誕生させる要因となった。

冷戦期にはワルシャワ条約機構と対立関係にあったが，冷戦終結を受けて新しい存在意義を模索する必要が出てきた。91年末の首脳会議では，従来の冷戦型集団防衛機構としての体制を，民族紛争などの地域紛争対応型に変革させるという新戦略を決定した。この結果，兵力の大幅削減，核兵器の大量廃棄が決定された。また，94年1月には，NATOと旧ワルシャワ条約機構加盟国等の間に安全保障面での協力を目指して「**平和のためのパートナーシップ（PFP）**」が採択された。この協定は，東欧諸国のほか，スウェーデン，フィンランド，ロシアとの間でも締結された。さらに，97年7月，NATOはポーランド，チェコ，ハンガリーの3カ国と新規加盟交渉を行うことを決定し，99年3月にこの3カ国は正式に加盟した（第一次東方拡大）。

2004年には，新たに7カ国（スロバキア，ブルガリア，ルーマニア，スロベニア，リトアニア，ラトビア，エストニア）が加盟したことで，NATOは

26カ国体制となった（第二次東方拡大）。このため，NATOの包摂する地域は，ロシア国境に到達することとなった。このような急激な東方拡大に対して，いらぬ警戒感を与えないように，NATOはロシアとの関係改善のために，**NATOロシア理事会**を設立した（2002年5月）。一方，NATOは2009年にアルバニアとクロアチア，2017年にモンテネグロが加盟したことにより，**29カ国体制**になった（2019年9月現在）。

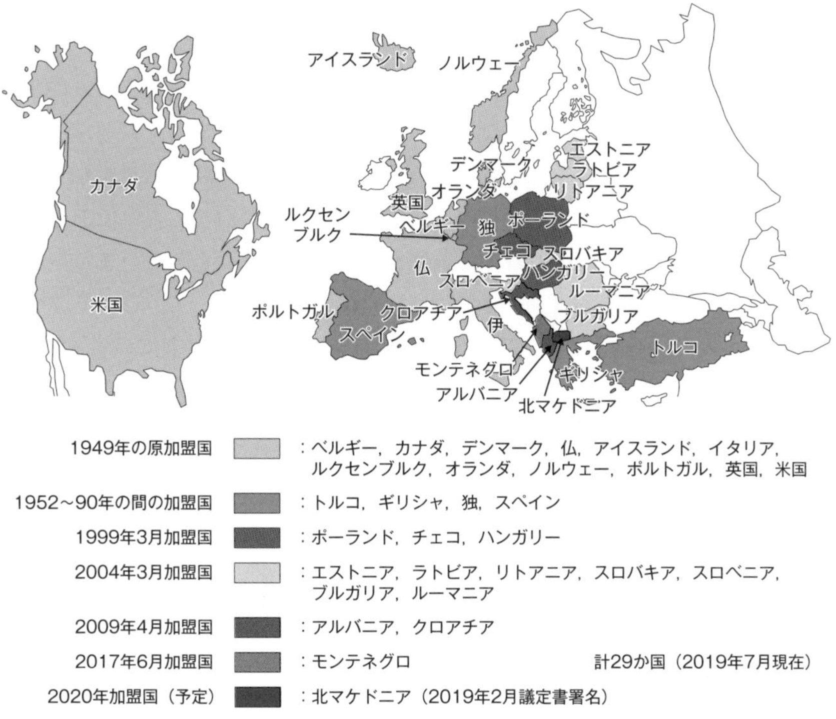


出典：外務省ホームページ
（https://www.mofa.go.jp/mofaj/files/000066708.pdf）

［NATOの東方拡大］

#### ●ワルシャワ条約機構（WTO[12)]）

1955年，NATOに西ドイツが加盟することを受けて，それに反対していたソ連は東欧諸国との間に軍事同盟を発足させた。それがワルシャワ条約機構である。欧州からアメリカの影響力を排除することが目的とされたが，ソ連の東欧諸国への支配という面が強くなった。56年のハンガリー動乱や，68年のプラハの春などは，実力行使の事例として見ることができる。91年に解体された。

### （9） AU

**OAU（アフリカ統一機構）**は，1963年，エンクルマによるアフリカの政治的統一構想を基に設立されたアフリカの地域的国際機構である。目的は，アフリカ諸国の主権，領土保全，独立の擁護，植民地主義の根絶，国連憲章・世界人権宣言に則した国際協力の推進などのための政策を整合することである。93年にはカイロ宣言でOAU独自の紛争解決機構の設置を決定した。また，2001年7月に最後の首脳会議を行い，EU型の政治統合を目指して**AU（アフリカ連合）**に組織変更を行った。02年より順次組織が整備されてきている。

### （10） OAS

**OAS（米州機構）**はアメリカ諸国の地域協力機構である。目的は，南北アメリカの平和と安全ならびに加盟国の社会・経済・文化的な発展を促すことにある。前身である汎米会議では通商など各分野での協力を促す役割があったが，OASでは反共色が一時強くなった。キューバ革命以降は民族主義の高揚もあり，冷戦構造からの発想から転換して，それまで関心の低かった社会経済的な機能の促進が行われることになった。

### （11） OECD

**OECD（経済協力開発機構）**はマーシャル・プラン（1948年）の趣旨である「欧州諸国の経済復興」という目的のために設立された**OEEC（欧州経済協力機構）**を前身とし，1961年に米国とカナダが加わって，改組されて現在

---

12）WTOという略称は，かつてはワルシャワ条約機構だけを指していたが，現在では世界貿易機関のことを指すことの方が多いので注意すること。

に至る。目的は，先進国間の自由な意見交換・情報交換を通じて，1）経済成長，2）貿易自由化，3）途上国支援（「OECD の三大目的」）に貢献することとされる（本部パリ）。「先進国クラブ」とも呼ばれる。

現加盟国は**36 カ国**であるが（日本の加盟は 1964 年），そのうち，29 カ国＋EU（＝30 メンバー）は OECD の下部組織である DAC（開発援助委員会）に加盟しており（日本も加盟），これらが狭義の先進国とされる。DAC 加盟国は，ODA（政府開発援助）を途上国に対して行う。

## ポイント整理

**1** 国際連盟

ウィルソンの14カ条の平和原則，アメリカ合衆国の加盟拒否，全会一致制の問題点→集団安全保障が機能せず，第二次世界大戦へ

**2** 国際連合

第二次世界大戦の勝利者（連合国側51カ国）による設立

集団安全保障の強化→安全保障理事会の設立。ただし，常任理事国の拒否権制度による機能麻痺

国連専門機関→ILO（国際労働機関），WHO（世界保健機関）など。連繫協定による協力関係（国連とは別組織）

国際平和維持活動（PKO）→「6章半の活動」，平和維持軍，停戦監視団などの活動

**3** 欧州連合（EU）

第二次世界大戦後のフランスとドイツ（西ドイツ）の歴史的対立緩和の機運→ECSC（欧州石炭鉄鋼共同体）の設立

ECSCとEURATOM（欧州原子力共同体），EEC（欧州経済共同体）の合流→EC（欧州共同体）→経済通貨同盟，市場統合の達成，EUへの改組

EU（欧州連合）の設立→通貨統合の達成，政治統合のための制度整備（マーストリヒト条約，アムステルダム条約，ニース条約）

新規加盟→2019年現在，28カ国体制に

**4** その他の国際機関

東南アジア諸国連合（ASEAN）→ヴェトナム戦争後に組織目的が変質，地域経済協力が中心（のちに政治協力も），ARF（ASEAN地域フォーラム）の安全保障外交

アジア太平洋経済協力会議（APEC）→自由貿易を推進，開放的な経済交流を促進

北大西洋条約機構（NATO）→冷戦期は対東側諸国の軍事同盟，冷戦終結後は組織目的が変質，東方拡大が進展（28カ国加盟）

# Exercise



**問題①　国際連合に関する記述として，妥当なのはどれか。**

（区　平 27 教養）

**1**　総会は，すべての加盟国で構成され，国の大小にかかわらず1国は1票の投票権を持ち，国際平和と安全の維持に関する勧告や新加盟国の承認の議決は，全会一致制により行われる。

**2**　国際連合の事務局の本部は，アメリカのニューヨークにおかれ，安全保障理事会の勧告により総会が任命する事務総長のもとで，国際連合各機関の運営に関する事務的な業務を担当する。

**3**　国際連合憲章では，安全保障理事会と加盟国間で締結される特別協定にもとづいて創設される国連軍（UNF）により，軍事的強制措置をとることができることになっており，1991 年の湾岸戦争時に，はじめて UNF が設置された。

**4**　安全保障理事会での議決は，国連加盟国に対して拘束力がなく，勧告的効力に留まるが，全加盟国で構成される総会の決議は，加盟国を拘束でき，加盟国は総会の決定に従う義務を負っている。

**5**　1950 年の総会で平和のための結集決議が採択され，安全保障理事会が拒否権の行使によってその機能が麻《ま》痺《ひ》したときには，非常任理事国がかわって兵力の使用を含む集団的措置を加盟国に勧告できるようになった。

**解説**

**1**　×　総会における平和と安全，新加盟国の承認などの重要問題に関する表決には3分の2以上の賛成が必要であると規定されており（国連憲章第 18 条），全会一致制ではない。なお，通常の表決は単純多数決で行われる。

**2**　○　妥当な記述である。

**3**　×　国連軍（UNF）については国連憲章第 43 条に規定されているが，現在に至るまで国連憲章に基づいた UNF は成立していない。なお，1950 年6月に勃発した朝鮮戦争の際に組織された朝鮮国連軍は，国連憲章に基づく UNF ではない。

**4**　×　国連加盟国に対して法的拘束力のある決議を行えるのは安全保障理事会であり（国連憲章第 25 条），総会の決議は原則として加盟国を拘束できず，勧告にとどまるものである。

**5** ×　1950年11月に採択された「平和のための結集決議」では，安全保障理事会が常任理事国の拒否権行使により麻痺した際に，総会が，平和と安全を維持するために兵力の使用を含む集団的措置を加盟国に勧告することができるとしている。

**解答　2**

**問題②　国際連合に関する記述として最も妥当なのはどれか。**

（税・財平28基礎）

**1** 安全保障理事会は，常任理事国5か国と，総会で選挙される任期5年の非常任理事国15か国で構成されている。その議決は，多数決で行われるが，全ての事項に関し，常任理事国に拒否権が認められている。

**2** 総会は，全ての加盟国の代表で組織され，国連憲章の範囲内にある全ての問題を討議する。その議決は，国際連盟と同様，多数決で行われており，各国は国連分担金の拠出額に応じた票数の投票権を持つ。

**3** 国際連合の主要機関として，総会，安全保障理事会，信託統治理事会などがある。このうち，信託統治理事会は，紛争地域の住民が独立を達成できるように支援することを目的とした機関であり，2015年の時点でも南スーダンでその活動が続いている。

**4** 国際連合は，「戦争」のみでなく，国際連合の決定によらない加盟国間の武力の行使も禁止している。また，制裁措置については国際連盟と同様であり，経済制裁だけでなく軍事制裁も予定し，その決定は全加盟国を拘束する。

**5** 国際連合の平和維持活動（PKO）として，停戦等の監視に当たる監視団の活動や平和維持軍（PKF）の活動があるが，平和維持軍は，国連憲章第7章が軍事的強制措置のための軍隊として想定している国連軍とは異なる。

**解説**

**1** ×　常任理事国の拒否権が認められているのは実質事項（非手続事項）である。つまり，実際に制裁や武力行使の容認，あるいは非難をする決議の場合には拒否権が認められているが，案件を議題として扱うかなどの手続事項には拒否権は認められていない。

**2** ×　国連総会での投票権は，国連分担金の拠出額に関係なくどの国も一票しか持たない。

**3** ×　信託統治理事会は，国際連盟時代に国際連盟の委任統治下にあった地域や，第二次世界大戦の敗戦国から分離した信託統治地域について，国際連合の監督下で信託を受けた国が統治し，当該の地域が自治もしくは独立に向けた準備ができるようにすることを目的として設立された。しかし，最後の信託統治地域であったパラオが 1994 年に独立したので，この年を最後に活動を停止している。

**4** ×　国際連盟時代には軍事制裁は予定されていなかった。

**5** ○　妥当な記述である。なお，国連憲章にある国連軍は組織されたことがない。

**解答　5**

**問題③　国際連合（国連）に関する次の記述のうち，妥当なのはどれか。**

（国Ⅱ平 16）

**1**　国連は，第二次世界大戦勃発を防止し得なかった国際連盟の反省に立って，1944 年のブレトン・ウッズ会議を経て，45 年のサンフランシスコ会議によって成立した国際機構である。国連は，国際平和と安全の維持，自由貿易の促進，社会経済的発展をその主要な目的としている。

**2**　国連憲章は，戦争を全面的に否定している。武力の行使は，個別的及び集団的自衛権の発動の場合であっても，自衛行為と侵略行為が不可分に結び付いてきた歴史的な反省から，厳格に禁止されている。したがって，国連憲章で認められる武力の行使は，国連憲章第７章で規定されている軍事的措置に限定されている。

**3**　国連では，主権平等の原則に基づいて全加盟国で構成される総会と，拒否権を有する常任理事国及び任期が限られた非常任理事国で構成される安全保障理事会との二つが中心的役割を果たしている。現在の国連改革の議論において，安全保障理事会の常任理事国の数とその構成が争点の一つとなっている。

**4**　我が国は，1952 年のサンフランシスコ講和条約発効と同時に，国連の 80 番目の加盟国となった。我が国の国連加盟は，冷戦下の東西対立の中で，アメリカ合衆国の強力な支持によって実現した。その後，我が国は国連中心主義を外交の重要な柱の一つとして掲げ，現在では，国連財政に対する寄与もアメリカ合衆国に次いで２番目に大きい。

**5** 国連平和維持活動（PKO）とは，平和を脅かす局地的な紛争や事態の国際的な拡大を防止するために，国連がその権威を象徴する小規模の国連平和維持軍ないし国連軍事監視団を現地に派遣し，事態の平穏化を図るために行う活動である。PKO は国連憲章に明記されており，国連憲章第７章の軍事的措置の中心的な活動である。

## 解説

**1** × 肢にあるブレトン・ウッズ会議は，自由貿易促進のために世界銀行，IMF の創設には関係しているが，国際連合の設立には関係していない。サンフランシスコ会議によって国際連合が成立したという点については，正しい。

**2** × 国連憲章は全面的に戦争を否定しているものではないから，個別的および集団的自衛権について規定をしているのである。また，肢にあるように，「国連憲章は戦争を全面的に否定している」のであれば，その後に続く「国連憲章で認められる武力行使は，国連憲章第７章で規定」という記述は矛盾となる。

**3** ○ 妥当な記述である。国連は，主権平等の原則に基づいて全加盟国で構成される総会と，拒否権を有する常任理事国（アメリカ・イギリス・ロシア・フランス・中国）および任期２年の非常任理事国で構成される安全保障理事会を，大きな二つの柱として位置づけている。また，現在の国連改革では安保理の常任理事国の数を増やすこと（例えば，日本やドイツなどを常任理事国に加える）が争点となっている。

**4** × 我が国はサンフランシスコ講和条約によって，第二次大戦後の連合国の占領状態から脱して，独立国として承認されたが，それはアメリカ等の資本主義諸国のみが独立を承認した「片面講和」であり，ソ連などの承認は得られなかった。ゆえに国連加盟もこのときには承認されていない。国連加盟が認められたのは，鳩山一郎内閣によって日ソの国交が回復して以降のことである。国連財政に関する寄与がアメリカに次いで二番目という肢の記述は正しい。

**5** × 国連平和維持活動は，国連憲章に明記されていない活動である。しかしその趣旨は国連憲章の第６章および第７章の中間的なものという位置づけがされており，６章半の活動であるといわれている。その他の記述は正しい。

**解答 3**

**問題④　国際機関に関する記述として最も妥当なのはどれか。**

（国般平 26 基礎）

**1** 世界保健機関（WHO）は，世界の全ての人が最高の健康水準を維持できるよう，各国の感染症の撲滅のほか，近年では健康に害を及ぼす化学兵器の廃棄を目指し，その生産施設や毒性化学物質を扱う産業施設等に対して査察等を行っており，その活動によりノーベル平和賞を受賞した。

**2** 国連教育科学文化機関（UNESCO）は，教育・科学・文化を通じて国際協力を促進することを目的とした機関であり，活動の一つに世界遺産の登録・保護がある。近年，選定の基準に，文化遺産，自然遺産に続き「負の世界遺産」が新たに設けられ，チェルノブイリ原子力発電所が登録された。

**3** 国際原子力機関（IAEA）は，原子力の平和的利用を促進するとともに，軍事的利用に転用されることの防止を目的とした機関である。平成 25 年現在の事務局長は日本人が務めており，また，我が国の東京電力福島第一原子力発電所事故においては，調査団の派遣を行った。

**4** 国連児童基金（UNICEF）は，子どもの権利条約によって設立された国連の専門機関の一つであり，開発途上国の児童に限定した援助活動を行い，食料の生産，分配の改善などを通じて，児童の飢餓の根絶に重点を置いて活動をしている。

**5** 国連貿易開発会議（UNCTAD）は，世界貿易の秩序形成を目的とした機関であり，モノの貿易だけでなく，サービス貿易や知的財産権問題などを扱うほか，開発途上国のための長期資金の供与を業務として行っている。

国際機構

## 解説

**1** ×　肢文にあるように，WHO は感染症の撲滅を目的の一つとしている国際機関であるが，化学兵器については，関わっていない。化学兵器の廃棄を目指している国際機関は OPCW（化学兵器禁止機関）であり，2013 年にノーベル平和賞を受賞した。

**2** ×　負の世界遺産とは，人類が犯した悲惨な過ちを後世に伝えるために指定される物件を指す。しかし，UNESCO が公式に定義したものではなく俗にそう呼称されるだけである。ゆえに，登録上は単に「世界遺産」の一つとされるだけであり，新たに設定されたという事実はない（たとえば，我が国の原爆ドーム（広島）も，負の世界遺産とされることが多いが，登録上はあくまで世界遺産である)。またチェルノブイリ原子力発電所は世界遺産に登録されていない。

**3** ○　妥当な記述である。2009年12月から2019年7月に亡くなるまで，IAEAの事務局長を天野之弥氏が務めていた。

**4** ×　UNICEFは国連専門機関ではなく，国連補助機関（もしくは国連附属機関とも呼称）である（ちなみに**2**のUNESCOは国連専門機関である)。国連補助機関は総会によって設立された国連直下の機関である。これに対して国連専門機関は外部的な独立機関であったものが，国連経済社会理事会と連携協定を締結することによって国連ファミリーの一員となったものを指す。

**5** ×　サービス・知的財産に関わり世界貿易の秩序を構築するのは，WTO（世界貿易機関）であり，開発途上国のために長期の資金援助をするのはIBRD（国際復興開発銀行）である。UNCTADは，発展途上国の経済開発促進と南北問題として知られる国際経済の格差是正のために，国連に設けられた組織である。

**解答　3**

# 第5章

# 国際法

ここでは国際法を学びます。国際法は，統一的権力機構の存在しない国際社会を取りまとめる非常に重要な要素となっています。国際法が生まれてきた歴史的背景や，国際法の成り立ちや種類，さらに有名な条約などを学んでください。

重要度
★★☆

# 1 国際法概論

本節では，国際法がどのようなものであるかを確認していきましょう。そのうえで，国家の要件と国際司法裁判所における裁判について覚えてください。

## 1．国際法概論

### （1） 国際法とは

国際法とは，第1章で扱ったように「国際社会におけるルール」のことである。近代国際法の誕生は，17世紀の三十年戦争までさかのぼることができ，この戦争後，国際社会における自然法に基づいたルールの必要性から国際法は誕生した。また，近代国際法概念もこのとき成立したとされる。国際法成立に当たっては，自然法に基づいたルールの構築を訴えた内容の『**戦争と平和の法**』を著したオランダの法学者**H. グロティウス**の寄与が大きい。彼は国際法の父などと称される。また，ヴァッテルは『国際法』で自然状態にある諸国家を自由・平等・独立のものとみなし，そこから国家の基本権や不干渉の原則を引き出したのである。

国際法の種類にはいくつかある。過去の慣習によって成り立っている慣習国際法と明文化された条約，当該国際法の適用を受ける国の範囲によって一般国際法と特別国際法とに分けられる。一般国際法は全世界の国を拘束するが，現実にはすべての国が加盟している条約がないためすべての国に妥当するのは慣習国際法しかないことになる。ただし，不戦条約や条約法条約のように締約国以外の国々から認められている条約は，一般国際法的な扱いを受ける場合がある。一般国際法に対して特別国際法は加盟国のみを拘束する。特別国際法についても原加盟国のみで新たな加盟国を認めない条約を閉鎖条約といい，新たに加盟国を認める条約を開放条約という。日米安全保障条約は新たな加盟国を予定していないので閉鎖条約であり，国際連合憲章は新たな加盟国を予定しているので開放条約である。

## （2）　主権国家と国際法

国家の成立する要件として国際法では次の事柄を最低条件として挙げている。

1）一定不変の領土・領海・領空（領域）

2）そこに定住する人民（国民）

3）人民を支配する主権の存する政府

この三つ以外に第四の要件として，外交能力があげられることがある。それから独立国家には3）にあるとおり主権が存在する。ここでいう主権とは次の二つの事柄を指す。a）対外的には「内政に干渉されない権利」（内政不干渉の原則），b）対内的には「当該国家領域を支配する権利」（統治権・領域主権），の二つである。そして主権国家は法的に互いに平等な地位にあるとされる。しかしながら，これら三つあるいは四つの要件を満たしていても，国家として認められていない団体もある。これは国家承認という法的効果がされていないことによる。承認に関しては「創設的効果説」と「宣言的効果説」がある。

## （3）　条約の成立過程

条約は簡単にいえば国家同士の明文化した約束事である。これが成立するにはいくつかの手続きが必要である。ここでは二国間条約における条約が成立する流れを簡単に確認しておきたい。

1）A国とB国との間で問題が発生し，相互にそれを問題として認識しかつそれを解決する意思を有することが必要である。その際，実務者レベルで話し合いを行っても解決せず，交渉を行いそれによって決定したことを文書によって確認することを希望するものとする。

2）両国の元首が条約の交渉を行う全権委員を任命する。全権委員へは全権委任状を発行する。交渉のテーブルについたらお互いに全権委任状の提示を行い，交渉を開始する。

3）交渉により合意事項をつめていく。全体の合意事項が決定し，条約案として確定，明文化される。この際に，文言については解釈に関する相互理解を行う。条文が交渉に参加した国によって合意を得られたことで採択されたことになり，条約案に全権代表者が署名することで条約は成立することになる。署名については日本では調印と称することもある。

4）成立した条約について両国は自国の制度に則って批准を行い，批准書を交換することで条約は発効する。

多数国間条約の場合は，ある特定国あるいは国際機関がいったん批准書を集めて，加盟国へ通知する役割を担うことがある。この行為を批准書の寄託という。また，発行にあたって何らかの条件を付加されている場合は，発効の条件が整った時点で条約が発効することになる。

## （4） 国際法の基本原則

### ① 海洋自由論

オランダのグロティウスは，海の自然的な性質から個人や私人のものではなく万人の共有となり，また海は交通手段であるため，他人に害を与えずに万人による利用が可能であるとした。

### ② 公海自由の原則

18 世紀から 19 世紀にかけて，沿岸国の平和・安全・秩序維持に必要な領海を認めて，それより外にあたる部分，つまり公海では自由競争を認めた。これは当時の重商主義や自由主義が高まっていたことによるものである。19 世紀後半には無害通航権が確立した。すべての国の船舶が，沿岸国の平和・安全・秩序を害しない限り，その領海での無害通航権を保障される。

### ●国連海洋法条約（海洋法に関する国際連合条約）

1992 年にジャマイカのモンテゴ・ベイで署名され，1994 年に発効した海洋に関するすべての問題を相互理解の下に解決することを念頭において作られた，海の憲法ともいえる条約である。日本は 1996 年に批准した。目的は国際交通の促進，海洋の平和的利用，海洋資源の公平かつ効果的な利用，生物資源の保存並びに海洋環境の研究，保護及び保全を促進するような海洋の法的秩序の確立である。

この条約で領海の幅は 12 海里を超えない範囲で沿岸国が決めることができ

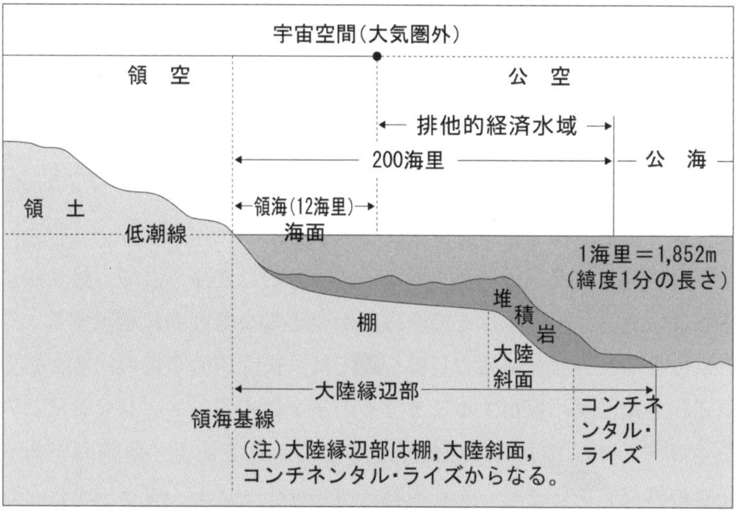


［領海と経済水域］

ること，沿岸国の主権は領海の上空並びに海底とその下にもおよぶこと，また，排他的経済水域の幅を200海里までとすることが決められた。排他的経済水域とは，沿岸国が天然資源の探査，開発，保存および管理のための主導的権利，ならびに海上構築物の利用，科学的調査の実施ならびに海洋環境の保護について管轄権を行使することができる水域のことである。領海も排他的経済水域も基線から測られる。これらの水域と内水や群島国家の群島水域にも含まれないすべての海洋の部分を公海という。公海はすべての国に開放されており，「公海自由の原則」として次の点を定めている。1）航行の自由，2）上空飛行の自由，3）海底ケーブルおよび海底パイプラインを敷設する自由，4）国際法によって認められる人工島その他の設備を建設する自由，5）漁獲の自由，6）科学的調査の自由，であるが，4）から6）までは条件がついている。

深海底の資源開発にあたっては人類の共同財産とされ，資源管理，深海底での活動を組織・管理する機関として国際海底機構をジャマイカに設立する。また漁獲量については，自国で定めた漁獲可能量のうちとりきれない余剰分を他国に漁獲させなければならないが，入漁料や漁獲割当量など沿岸国の定める条件を他国は遵守しなければならない。違反すれば取り締まり処罰する権限を当然のことながら沿岸国は有する。

附属書では国際海洋法裁判所が規定され，ドイツのハンブルクに設置された。21名の裁判官で構成される。

### ③　アグレマンとペルソナ・ノン・グラータ

外交官は，通常接受国の同意を得ないで一方的に任命されて，接受国には通報するだけである。接受国はその合理的かつ正常な範囲内に制限するよう求めることはできる。外交使節団の長については，接受国の事前の同意が必要であり，信任状を接受国へ提出することでその任を始める。アグレマンはこの「同意」を意味するが，接受国は理由を示さずにこれを拒否する権利がある。また，任意の外交官を好ましくない人物（ペルソナ・ノン・グラータ）として通告しその召還を要求することができる。派遣国はこれに応じて召還するか使節団における任務を終了させることになっている。

### ④　外交特権と免除

外交は相互関係によって成立するものであるが，外交官は接受国の主権行使に制限を課すことになる。これは従来から行われてきた慣例に沿って，1964年発効のウィーン外交関係条約などに代表されるようにすでに条約化されている。内容的には，公館の不可侵，公文書の不可侵，移動・旅行・通信の自由，外交官の身体の不可侵，裁判権の免除，一部租税の免除，などがある。

## （5）　国際刑事裁判所（ICC）[1)]

国際社会で長年懸案だった国際刑事裁判所（ICC）は，1998年7月に条約案が採択された。2002年4月11日に60カ国の批准が達成されたため（2019年8月現在122カ国），同条約は発効，03年にICCはハーグに設置された。なお，条約の採択にはアメリカ・中国・イスラエル等が反対した。

国際刑事裁判所は，第一次世界大戦直後からその設立が求められてきた。市

1）国際司法裁判所とは異なる。国際司法裁判所については第4章参照のこと。

民が大量に犠牲になった第一次世界大戦とナチスによるユダヤ人の大量虐殺（ジェノサイド）という行為が行われた第二次世界大戦の経験から，1948 年にジェノサイド条約が締結され，その中で国際刑事裁判所の設立がうたわれていたのである。これまでは戦争が起こるたびに戦争裁判所が設置されており，個別の戦争ではニュルンベルク裁判所や極東軍事裁判所，旧ユーゴスラビア紛争やルワンダ内戦における国際法廷が設置された例があるが，いずれも恒常的な機関ではなかった。

この国際刑事裁判所の特徴をあげておくと，まず裁判官は 18 名で任期は 9 年である。裁判所の権限は，国際社会において，最も重大な罪を犯した個人を裁く権限があるとされる。国際司法裁判所は，国家同士の紛争についてのみ扱うことができ個人は扱うことができなかったが，**国際刑事裁判所は個人を扱う**という点で大きく異なる。

対象となる犯罪は四つあり，1）大量虐殺，2）人道に対する罪，3）戦争犯罪，4）侵略の罪，である。1）の大量虐殺は「ある国，民族，人種あるいは宗教集団を破壊しようとする行為をいい，殺害及び身体的または精神的害悪を及ぼすこと，子供を強制移住させること」などを指す。2）の人道に対する罪は「一般市民に対する計画的な殺人や奴隷化，拷問，レイプと性的虐待，強制売春，強制妊娠，強制中絶」などを指す。3）の戦争犯罪は，「1949 年のジュネーブ条約に対する重大な違反，国際武力紛争に適用される法律及び慣行の重大な違反，内戦で戦闘行為に参加していない人々への人道的対応への違反，内戦に適用される法律及び慣行の重大な違反」がある。子供の人権を守るという意味から，15 歳未満の子供を徴兵したり戦闘グループに参加させたりすることも戦争犯罪とされた。ただし，国際的な組織犯罪やテロ行為は扱う対象とはなっておらず，条約加盟後 7 年間は自国民や領土内での戦争犯罪の裁判適用を免除されることになっている。4）の侵略の罪については当初明確な定義づけがなされていなかったが，2010 年の再検討会議でその定義を定める改正条項が採択された。

検察官は，裁判所の管轄権がおよぶ範囲であれば自動的に捜査を開始できるが，18 歳以下のものに対しては管轄権がないことも特徴である。事件を裁判所にかけることができるのは，検事局・加盟国政府・国連安保理の三者である。その場合に，安保理の発動による事件は関係国の同意がなくても捜査が可能であるが，検事局が独自に注目した場合は，事件が起きた国か，被疑者の国籍がある国の同意が必要である。また，安保理は国連憲章第7章のもとで採択した決議に基づき，検事局の捜査や訴追手続きを12カ月間停止させる権限を与えられている。

そして，補償条項があることも特徴的である。犯罪の被害者への原状回復や賠償，リハビリテーションなどの補償に関する原則を裁判所が定めることになっている。裁判所が被害者に対して補償を命じることも可能となった。

安保理から政治的に独立できていない点でまだ不備があるとされるが，これまで存在しなかった刑事裁判所が設立されることで，各国政府に対して圧力をかけることになろう。

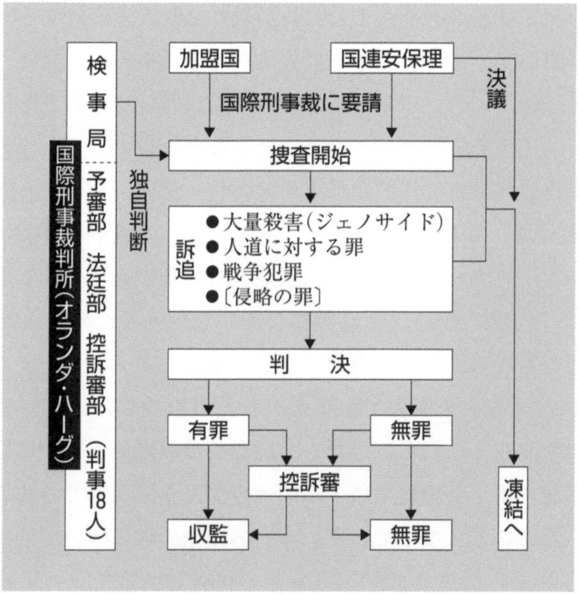


出典：『朝日キーワード1999』朝日新聞社　P.269

［国際刑事裁判所の仕組みと司法手続きの流れ］

重要度
★★☆

# 2 国際法と諸問題

この節では，国際関係で発生した諸問題を解決するために結ばれた国際法を個別的に学習していきます。～条約，～議定書，～宣言等，いろいろな名称が出てきますが，実際の問題と関連づけて学習していきましょう。

## 1．軍縮問題と国際法

### （1） 核軍縮

#### ① 軍備管理と軍縮

**軍備管理**とは，必ずしも武器の総量の削減をもたらすものではなく，戦略的な安定をもたらすことを目指した措置である。軍備管理の条約としては，核拡散防止条約があげられる。

これに対して軍縮とは，文字通り軍備の縮小・撤廃や制限を目指す措置である。軍縮条約としては，INF 全廃条約や対人地雷全面禁止条約があげられる。

#### ② NPT

**核拡散防止条約（NPT）**[2]は，既存の核兵器保有国がこれ以上増えないようにし，原子力の平和利用を行うための条約である。1968 年に採択され，70 年に発効，日本は 76 年に批准した。当初は，アメリカ，イギリス，ソ連の 3 カ国であったが，92 年に中国とフランスが加盟した。95 年に無条件無期限で延長された。本条約は，条約締結をした非核保有国と**国際原子力機関（IAEA）**との間で保障措置協定（SA）を結ぶことを義務づけている。

なお，この条約に加盟する国が核不拡散条約（NPT）の運用状況を検討するために 5 年に一度，**NPT 再検討会議**が行われる。NPT の実効性を高めるための最終文書を全会一致で採択することを目的とするが，2015 年の再検討会議では最終文書が採択されなかった。

2）核不拡散条約ともいう。

●SA

保障措置協定（SA）は，基本的な内容として，核施設の設計情報の提出，核物質の使用に関する記録の保持，報告の提出，IAEAの行う査察の受け入れという四つから成り立っている。査察は，特定査察，通常査察，特別査察の3種類がある。SAには，ひな型はあるものの，各国ごとに異なる内容で結ばれている。

### ③ PTBTとCTBT

**部分的核実験禁止条約（PTBT）**は，今後核保有国が核開発を行うにあたっては，大気圏内，大気圏外の空間，水中における核実験を禁止し，地下に限るとした条約である。1963年に採択・発効した。日本は64年に批准している。核保有国ではアメリカ，イギリス，ソ連の3カ国のみの加盟であった。

**包括的核実験禁止条約（CTBT）**は，核爆発を伴う核実験は全面的に禁止する条約である。1996年に署名が開始されているが，核保有国および原子力発電所保有国のうち44カ国に批准を義務づけており，その中のいくつかの国が批准していないため，未だ発効していない。また，アメリカが未臨界核実験を行ったことで，国際的に非難を浴びた。

### ④ SALTとSTART

**戦略兵器制限条約（SALT）**は，戦略核兵器を一定量にする目的で1969年から米ソによって始められた。SALT Ⅰは72年に，SALT Ⅱは79年にそれぞれ調印された。ただし，SALT Ⅱはソ連のアフガニスタン侵攻を理由にアメリカ連邦議会が批准しなかったため，その役割はSTARTとINF全廃条約に引き継がれた。

**戦略兵器削減条約（START）**は，核兵器とその運搬手段の保有数を削減する目的で1982年から始められた。START Ⅰは91年に調印され，94年に批准された（同年発効）。STRAT Ⅱは93年に調印されたが，未発効に終った。2010年には，アメリカのオバマ政権とロシアのメドベージェフ政権の間で，新STARTに合意し，同年4月に調印された。

#### ⑤　中距離核戦力（INF）全廃条約

**INF全廃条約**は，欧州内において東西両陣営が相互に相手の都市を攻撃し，相手の戦力を消滅させることを目的とするINFの核弾頭をはずし，未配備分を含めミサイル本体の破壊を義務づける条約である。核弾頭自体は破壊対象になっていない。米ソによって1987年に署名され，1988年に発効した。

しかし，2018年10月にアメリカのトランプ大統領がロシアに同条約からの離脱を通告し，2019年2月に失効した。

#### ⑥　核兵器禁止条約

2017年に国連で核兵器禁止条約が122カ国の賛成で採択された。この条約は，核兵器の開発，生産のほか，核兵器を使った威嚇も禁止するものである。そのため，核抑止も禁止していることになり，いわゆるアメリカの核の傘の下にある日本やNATOの諸国は参加していない。発効要件として批准国数が50カ国に達することが必要であるが，現在のところ未発効である。

**●核兵器の違法性**

1996年7月，国際司法裁判所は，国連総会から出されていた「核兵器の使用，威嚇が国際法上認められるような状況はあるか」という質問に対する勧告的意見を示した。その内容は，次のとおりである。

1）核兵器の使用・威嚇は，一般的には武力紛争に適用される国際法，特に国際人道法に違反する。

2）しかし，国際法の現状として，国家の存亡がかかる自衛のための極限の状況下では，核兵器による威嚇や使用が，合法か違法かの決定的な結論は下せない。

として，判断を回避した。

### （2）　通常兵器

#### ①　化学兵器禁止条約（CWC）

1992年，化学兵器の製造，保持，使用を禁止し，現在保持している化学兵器も廃棄するという**化学兵器禁止条約**が調印された。この条約は，10年以内に地球上の遺棄化学兵器を含む化学兵器の全廃を目指している。1997年に発効し，すでに190カ国以上が締約している。問題点としては，北朝鮮などの化学兵器を保持している国（あるいは疑惑のある国）が加盟していないことがあげられる。条約の定める検証措置を実施するため，オランダのハーグに化学兵器禁止機関（OPCW）が設立されている。

### ② 対人地雷全面禁止条約（オタワ条約）

1997年，対人地雷の使用，生産，備蓄，移転を全面的に禁止，その全廃を目的として**対人地雷全面禁止条約**が調印され，99年に発効した（日本も同年発効）。締約国は，地雷探知・除去技術の開発に用いる以外の地雷保有・移転は認められていない。備蓄している地雷は発効から4年以内に廃棄，すでに埋設されているものは10年以内に廃棄し，廃棄できなかったものは埋設場所を明らかにするとしている。アメリカ，ロシア，イラン，イラク，リビア，エジプト，韓国，北朝鮮，インド，パキスタンなどの地雷埋設に関する重要な地域が参加していないことが問題とされている。また，本条約は，全会一致制の国連ジュネーブ軍縮会議で採択することができず，条約賛成国だけで交渉する自己選択方式の「**オタワ・プロセス**」で採択されたが，この採択には，地雷禁止国際キャンペーン[3)]というNGOが寄与した。

### ③ 欧州通常戦力条約（CFE条約）

1990年，通常兵器削減に関しての交渉をまとめた**欧州通常戦力条約**が全欧安保協力会議（CSCE）で調印された。具体的には，戦車，火砲，装甲車，航空機，戦闘ヘリコプターの5種類の通常兵器を対象とし，これらを東西両陣営が同数所有することになった。92年に発効したが，兵員については継続審議とされ，92年にCFE－IAとして調印されている。

### ④ 生物兵器禁止条約（BWC）

**生物兵器禁止条約**は，1971年の国連軍縮委員会で作成され，国連総会で決議の後，72年に署名開始，75年に発効した条約である。その主な内容は，1）

3）1997年，地雷禁止国際キャンペーンとその代表であるジョディ・ウィリアムズにノーベル平和賞が与えられた。

生物兵器の開発・生産・貯蔵・取得及び保有の禁止，２）生物兵器の廃棄及び平和的目的での転用，３）生物兵器の不拡散，である。

## 2．地球環境問題と国際法

### （1）　地球環境問題の種類と対策

〈地球環境問題の原因，影響，対策〉

| 問題 | 原因 | 影響 | 対策 | 条約 |
|---|---|---|---|---|
| 地球温暖化 | 温室効果ガス（$CO_2$等）による温室効果 | 異常気象・海面上昇 | 温室効果ガスの排出制限 | 地球温暖化防止条約（COP3は京都で開催された） |
| 酸性雨 | 化石燃料の消費などにより，窒素酸化物などが大気中の水蒸気に溶ける | 森林枯渇・湖沼汚染→国境を越えて影響が広がる | 化石燃料の消費規制 | 長距離越境大気汚染条約（79年採択・83年発効）・ヘルシンキ議定書（85年採択・87年発効：硫黄排出量）・ソフィア議定書（88年採択・91年発効：窒素酸化物） |
| オゾン層の破壊 | フロンガスの大気への放出 | オゾンホールの拡大に伴う有害紫外線の増加 | フロンガス放出の規制→全廃 | ウィーン条約，モントリオール議定書…フロン生産の規制。2005年に全廃することになった（97年） |
| 砂漠化 | 干ばつなどの気候的要因，過放牧・過剰耕作，人口の増加による過剰伐採 | 生態系の破壊・生産力の低下 | 緑化事業・灌漑事業 | 国連砂漠化防止会議（77年）・砂漠化防止条約（94年） |
| 熱帯林の破壊 | （伝統的ではない）焼畑移動耕作・薪などの過剰採取・過放牧 | 砂漠化・生態系の破壊・地球温暖化 | 植林事業 | 国際熱帯木材協定採択（83年）・国際熱帯木材機関（86年）・地球サミットで森林原則宣言（92年） |
| 海洋汚染 | 原油流出・廃棄物投棄など | 生物の生態環境の悪化 | 投棄の規制 | 個別的には，原油は国際海事機関（IMO），廃棄物はロンドン条約[4)]（75年発効），包括的には国連海洋法条約（第12部で海洋環境の保全・保護について） |

4）海洋投棄規制条約ともいう。

### ①　ローマ・クラブ

ローマ・クラブは，1970 年に作られた人類の存続に関わる国際的な問題の研究・提言を行う国際民間団体である。財界人，経済学者，科学者などから構成される。そのきっかけは，68 年に学者らを集めて「人類の危機」を訴えたことによる。第一次報告の『成長の限界』は，人口爆発と経済成長を続けていけば，100 年後には地球と人類は破滅すると警告し，生活の質を重視した社会への転回の必要性が強調された。

### ②　国連人間環境会議（UNCHE）

1972 年にストックホルムで「かけがえのない地球」をテーマに開催された，史上初の世界的レベルにおける人間環境とそれに関わる諸問題を検討した会議である。先進国は汚染問題，途上国は貧困を解決するための開発に力点が置かれたが，先進国は経済成長から環境保護への政策転換，途上国の環境問題は開発の推進と援助の強化が必要であるとされた。

主な成果としては，「人間環境宣言」と「人間環境行動計画」の採択がある。また，本会議での決議を受けて，機構的な取り決めの具体化に向けて国連環境計画（UNEP）が常設機関として設置された。

### ③　国連環境開発会議（UNCED／地球サミット）

1992 年にリオデジャネイロで，180 カ国（地域）の代表と NGO が参加して開催された。「持続可能な開発」を基本理念に会議は進められ，先進国と途上国の間に対立も見られたものの，大きな成果をあげた。具体的には，「環境と開発に関するリオ宣言」「気候変動枠組み条約」の調印，「生物多様性保護条約」の調印，「森林原則宣言」「行動計画（アジェンダ）21」の採択である。

97 年には，UNCED 開催 5 周年を記念して国連環境特別総会が開催された。UNCED からの 5 年間の国際的な取り組みを評価した結果，環境問題の悪化については認識が深まったが，先進国が途上国の資金提供に消極的になるなど，十分な成果があげられなかった。なお，このとき新アジェンダが採択されている。

〈国連の対策〉

| 会議名 | 国連人間環境会議 | 国連環境開発会議（地球サミット） |
|---|---|---|
| 開催年 | 1972年 | 1992年 |
| 場　所 | ストックホルム | リオデジャネイロ |
| テーマ | 「かけがえのない地球」 | 「持続可能な開発」[5] |
| 成　果 | ・人間環境宣言<br>・人間環境行動計画<br>・UNEP設置決定 | ・環境と開発に関するリオ宣言<br>・アジェンダ21<br>・気候変動枠組み条約<br>・生物多様性保護条約<br>・森林原則宣言 |

## （2）COP《コップ》（気候変動枠組み条約締約国会議）と京都議定書

### ①　COPの開催と京都議定書の採択

**COP（気候変動枠組み条約締約国会議）**とは，温室効果ガス発生を抑えるための国際的なルールについて話し合う国際会議であり，1995年から毎年開催されている。1997年12月には，気候変動枠組み条約第3回締約国会議（**COP3**）が京都で開催された。この結果，法的拘束力のある温室効果ガスの削減目標が盛り込まれた「**京都議定書**」が採択された。その内容は次のとおりである。

1）**排出削減目標**…先進国は全体で2008～12年の目標期間に，二酸化炭素，メタンガス，亜酸化窒素という3種類の温室効果ガスの排出を対1990年比で最低5％削減し，他の3種類のガスを1995年比で最低5％削減することが定められた。主な国別内訳は，EU8％，アメリカ7％，日本6％の削減である。EUについては，全体で8％削減が達成できればよいとされている（EUバブル方式）。

2）**ネット方式**と**排出権取引**の採用…ネット方式とは，1990年以降の植林・再植林については二酸化炭素削減，1990年以降の伐採については二酸化炭素排出として算定する[6]というもの。排出権取引は，先進国は削減目

5）もとは，1984年に発足した「環境と開発に関する世界委員会」が87年に出した報告書『OUR COMMON FUTURE』のキーワードである。　6）当然ながら，測定の誤差を生む危険性がある。

標を達成するために先進国間で排出権取引ができるというもの。つまり，自国が削減できなくても，他の国での超過達成分を自国の削減として算定することが可能になっている。

3）途上国問題…地球温暖化をもたらす温室効果ガスの排出という点では，途上国の問題も深刻である。京都会議では，途上国による削減目標値の自主設定について討議がなされたが，ネット方式や排出権取引を問題とした途上国側と先進国側の折り合いがつかなかったため，議定書には途上国の排出抑制や削減義務が盛り込まれなかった。よって，途上国は排出義務抑制の義務を負わないことになっている。その後，1998年に行われた会議においても，数値目標を導入することはできなかった。

〈温室効果ガス　国別増減率〉

| 増減率 | 国　名 |
| --- | --- |
| 8％減 | EU，ブルガリア，チェコ，エストニア，ラトビア，リトアニア，リヒテンシュタイン，モナコ，ルーマニア，スロベニア，スイス |
| 7％減 | アメリカ |
| 6％減 | 日本，カナダ，ハンガリー，ポーランド |
| 5％減 | クロアチア |
| 0％ | ニュージーランド，ロシア，ウクライナ |
| 1％増 | ノルウェー |
| 8％増 | オーストラリア |
| 10％増 | アイスランド |

ただし，この京都議定書は，批准国の1990年当時における二酸化炭素排出量の合計が先進国全体の55％以上にならないと発効しないことになっていた。

京都議定書の主な運用ルールは次のとおりである。

1）他国の温室効果ガスの排出枠を買い取る**排出量取引の制度**

2）削減を他国と共同で実施した場合，関係国間で削減分を移転できる**共同実施**

3）先進国援助による途上国削減分をその先進国が利用できる「**CDM**」（**ク**

**リーン開発メカニズム**)

4）**森林の二酸化炭素量（$CO_2$）吸収量を削減分に繰り入れることが可能**(国別に上限)

5）削減目標を守れなかった場合の罰則は，未達成分を1.3倍にして次回に追加

6）気候変動に関する技術移転のための**途上国支援基金**を設立

### ② ロシアの批准と京都議定書の発効

**京都議定書**は，2004年11月のロシアの批准で発効要件を満たし，**2005年2月に発効**した。この結果，日本は二酸化炭素など温室効果ガスの排出量を2008～12年の間に1990年比6％削減する義務を負うこととなった。しかし実際の排出量は，02年の段階で1990年比7.6％超過しており，達成は非常に難しいとされている。環境省などは，石油や石炭に課税する環境税創設を求めているが，経済産業省や財界の反対もあり，こちらも実現は厳しい。一方で，「**京都メカニズム**」と呼ばれる，外国で行う温室効果ガス削減事業を自国の削減分にカウントする制度などもビジネス界で注目され始めた。

## (3) ポスト京都議定書

京都議定書には2012年末までの目標が定められているが，2013年以降の時期の目標を規定した**ポスト京都議定書**を制定するための交渉が2007年の気候変動枠組み条約・第13回締約国会議（COP13）より開始された。この交渉では途上国にどのような削減目標を課すかが最大の論点となっている。京都議定書は途上国に削減義務を課していないが，これに反発したアメリカは京都議定書に加入・批准していない。また，中国やインドなどの新興国の$CO_2$排出量は年々増加し，2007年以降は中国の$CO_2$排出量は世界最大となっている。

2011年11月～12月に南アフリカ共和国のダーバンで開催されたCOP17で，京都議定書の期間を延長して**第2約束期間**を設定し，**新興国**や**アメリカ**を含めた**すべての国が参加する国際的合意**を**2015年**までに**成立**させて**2020年**に**発効**させるという合意が成立した（ダーバン合意)。

〈ダーバン合意（2011）の主な内容〉

| 項目 | 主な内容 |
|---|---|
| 京都議定書の期間延長 | 京都議定書の期間を延長して第２約束期間（2012～2017年）を設定する。 |
| ポスト京都議定書 | 2015年にすべての国が参加する国際的な合意を成立させる。この合意は2020年に発効させる。 |

ただし，日本はカナダやロシアとともに第2約束期間には参加しないことを表明した。今後日本は独自に温暖化対策を推進するが京都議定書で規定された削減目標に拘束されないとしている。

## （4） パリ協定

2015年に，京都議定書の第2約束期間後の枠組み形成が話し合われた気候変動枠組条約の第21回締約国会議（COP21）がフランスのパリで開催され，先進国のみならず途上国を含むすべての締約国が「自国が決定する貢献」と呼ばれる削減目標を定めて国連に提出し，その目標の達成に取り組むことを義務づけたパリ協定が採択された。

●パリ協定の主な内容

・目的…気温上昇を産業革命前と比べて2℃未満に抑える（1.5℃未満を目指す）

・検証…各国は設定した削減目標を５年ごとに見直す

　　　　世界全体の温暖化対策の進捗状況についても５年ごとに見直す

温暖化を防止するためには，産業革命の開始前と比べて気温上昇を2℃以内に抑える必要があるが，各国の約束草案にある削減目標を積み上げても，この目標を達成できないことが懸念されている。そのため，世界の気温上昇抑制に関する目標値が明記されるとともに，目標を５年ごとに検証することが定められた。

また，先進国には温暖化対策に取り組む途上国に援助資金を拠出する義務があるとパリ協定で定められたが，援助の金額はパリ協定に盛り込まれていない。2025年までにCOPで援助の金額の目標などを設定しなければならないことが決まっている。なお，中国のような先進国に該当しない新興国は，途上国を自主的に支援することが奨励されているが，援助は義務づけられていない。

パリ協定は2016年にアメリカや中国などが締約国となり発効した。しかし，2017年に米トランプ政権がパリ協定からの離脱を表明した。

### （5） 生物多様性条約

1992年に開催されたリオデジャネイロでの**国連環境開発会議（UNCED／地球サミット）**で，気候変動枠組条約とともに成立した条約が生物多様性条約である。この条約は，絶滅が危惧される希少生物を生育環境とともに保護し，生物資源の持続可能な利用と遺伝資源の利用による利益の公正かつ衡平な配分を図ることを目的とした取り極めである。なお，この利益の還元の是非や方法をめぐって異論を唱えたアメリカは，この条約に参加していない。

### （6） 世界遺産条約（世界の文化遺産および自然遺産の保護に関する条約）

世界遺産条約は，1972年にユネスコ総会で採択された，文字通り世界的な文化・自然遺産を保護するための条約である。文化遺産は，1）人類の創造的資質を示す傑作であること，2）時代を超越して，建築・モニュメントアート，あるいは都市計画および景観などの発展に重要な影響を与えたもの，3）現存するあるいはすでに消滅した文化的伝統または文明のユニークな証拠を示すもの，4）ある様式の建築物あるいは人類の歴史上，重要な発展段階を示す景観の代表的な例となるもの，5）伝統的集落あるいはある文化を代表する土地利用の際立った例，6）際立って普遍的な重要性を有する事件あるいは現存する伝統，思想，信仰や芸術的・文化的所産に直接的あるいは明白に関係するもの，という六つの登録基準がある。もう一方の自然遺産は，1）地球の歴史の各主要段階を表している優れたもの，2）陸上・淡水域・海洋の生態系や動植物の生態系についての現在進行中の主要な生態学的・生物学的進化・発展プロセスを代表するような優れたもの，3）卓越した自然現象や素晴らしい自然美，美的に価値があると思われるもの，4）科学的・環境保護的観点から世界的に高い価値があると判断された絶滅の危機にさらされている種が含まれる，多様な種類の生物の保護を目的とする自然生息地を含む場所，の四つが登録基準としてあげられている。日本は92年に本条約を批准した。

### (7) ワシントン条約（絶滅のおそれのある野生動植物の種の国際取引に関する条約）

ワシントン条約は，人間の乱獲などが原因で絶滅するおそれのある動物や植物の取引を規制することで，その保護を目指すものである。規制対象には生物そのものや剥製，製品，毛皮，牙なども含まれる。もとは1972年に開かれた国連人間環境会議でその重要性が指摘されたことによるもので，73年に採択，75年に発効した。日本は80年に批准した。

附属書Ⅰで絶滅のおそれのある種をあげて商業取引を禁止し，学術目的も輸出入国の許可証が必要とされる。附属書Ⅱでは必ずしも絶滅のおそれはないが厳重に規制しなければ絶滅のおそれがある種について，取引にあたり輸出国政府の許可証が必要とされている。附属書Ⅲでは締約国が自国内での保護のために他の締約国の協力を必要とする種をあげた。

野生動物の保護に関連して，66年から国際自然保護連合が世界的に絶滅のおそれがある野生動物についてリストアップした「レッドデータブック」を作り始め，世界各国で作られるようになっている。日本においては環境省が作成している。

### (8) ラムサール条約（特に水鳥の生息地として国際的に重要な湿地に関する条約）

ラムサール条約は，多様な生態系をもっている湿地を保護することが目的の条約で，1971年にイランのラムサールで採択された。日本は80年に批准している。加盟国は最低1カ所の湿地を事務局に登録し，保全に努めなければならない。第5回締約国会議は北海道釧路で開かれて湿地の賢明な利用などを盛り込んだ「釧路声明」が出された。また，東アジアから日本では釧路湿原，霧多布湿原，谷津干潟，琵琶湖などが登録されている。

## 3．人権問題と国際法

### （1）　世界人権宣言

国連は，創設当初から人権問題に積極的に取り組んできた。国連憲章もその第１条で差別の禁止と人権の保護を掲げている。また，国連は様々な人権について，個別的に宣言や条約を採択している。

1948年，国連は「**世界人権宣言**」を採択した。この宣言は「全ての人間は生まれながらにして自由であり，かつその尊厳と権利について平等である」と規定し，あらゆる差別を受けることなく基本的人権を享有する権利があるとしている。基本的人権の内容としては，平等権，自由権はもちろんのこと，社会権や参政権までもが含まれているとした点は注目に値する。

### （2）　国際人権規約

**国際人権規約**は，世界人権宣言の内容に法的拘束力を持たせるために作成された条約であるといえる。とはいえ，この規約は，世界人権宣言を追認したものではなく，人民の自決という新たな権利を規定したという創造的側面を持っている。1966年に調印され，76年に発効した。日本は79年にＡ規約およびＢ規約を批准している。ただし，Ａ規約・Ｂ規約ともに，一部条文を留保，もしくは独自の宣言を行っている。

国際人権規約は次のような各種の規約から構成されている。

①　**Ａ規約（社会権規約）**…経済的，社会的および文化的権利に関する国際規約

②　**Ｂ規約（自由権規約）**…市民的および政治的権利に関する国際規約

③　**Ｂ規約に関する選択議定書**…Ｂ規約に違反する国家に対して，権利を侵害された個人が直接提訴できる権限を定めている

④　**Ｂ規約に関する第二選択議定書**…Ｂ規約第６条に言及されている死刑制度に関連して，死刑廃止を目的とする選択議定書が1989年の国連総会にて採択された

なお，わが国はＢ規約の選択議定書・第二選択議定書の両方を批准していない。

### （3） 人種差別撤廃条約

人種差別撤廃条約は1965年に採択され，69年に発効した。この条約でいう人種差別とは，政治的・経済的・社会的・文化的・その他すべての公的生活分野における人権および基本的自由の平等な享有を妨げる，人種・皮膚の色・門地・民族・種族的出身に基づくあらゆる差別を指す。特に，南アフリカ共和国で行われていた人種隔離（アパルトヘイト）政策については，73年に「アパルトヘイト犯罪防止条約」を定め，アパルトヘイト政策を犯罪と規定した。日本は1995年に批准したが，第4条の「人種的優越又は憎悪に基づくあらゆる思想の流布」や「人種差別扇動」などに対して処罰立法措置をとることを義務づけた条文には留保を宣言している。

### （4） 女子差別撤廃条約

1967年に「女子差別撤廃宣言」が国連総会で採択され，79年には「女子差別撤廃条約」が成立した。この条約では，政治・経済・社会・文化・市民生活などあらゆる分野における女子差別が禁止事項となり，法律や制度のみならず，慣習も対象として各国が男女平等の確立に努力することが定められた。日本も，男女雇用機会均等法など，各種の国内法を整備して，85年にこの条約を批准している。

### （5） 児童の権利に関する条約

児童の権利に関する条約は，UNICEFの尽力により1989年に国連総会にて全会一致で採択された。この条約には，子どもの意見表明権，集会・結社の自由など，大人同様の市民的権利も盛り込まれた。日本は94年にこの条約を批准している。この条約では，子どもは「18歳未満のすべての者」とされている。

### （6） 難民条約（難民の地位に関する条約）

難民条約は，1951年に採択され，54年に発効した，難民の人権保護と難民問題解決のための国際協力を推進するための条約である。難民に関しては，67年に作成された難民の地位に関する議定書もある。難民とは，戦禍や政治的・

宗教的迫害を逃れるために，住んでいた土地を離れて他の国に移住しなければならなかった人たちのことを指す。そのため，戦禍や政治的・宗教的迫害に遭い，逃れるために住んでいた土地を離れながら他国に逃れられないでいる国内避難民は，難民条約上難民とは見なされない。

国連の難民問題への取り組みとしては，UNHCR が挙げられる。UNHCR は NGO と協力しながら，難民に対して国際的な保護と物質的な援助を与えるべく活動を行っている。

## （7） 人権外交

他国内で起こっている人権侵害の状況を是正しようという意図を持って行われる外交的行為のことを「人権外交」という。有名なものとしては，1977 年就任の**カーター**米大統領のものがあげられる。カーター政権は，人権を侵害している国に対しては援助を打ち切るなどの強硬な態度をとったが，冷戦状況の中で，対ソ攻勢の側面が強調されたり，戦略上重要な同盟国に対しては人権侵害が甚だしい国でも批判を控えたりなど，「二重の基準」もみられた。そのため，アメリカ側に立っていた国々の離反を招くなどの結果も招いた。

### ●国連人権高等弁務官

国連は，1993 年に国連世界人権会議を開催し，そこで「国連人権高等弁務官」の設置が勧告された。国連人権高等弁務官は，国連を代表して各国政府とその国の人権問題を協議する。また，その弁務官を長とする人権高等弁務官事務所はジュネーブに本部を置き，国連事務局の人権担当部門として活動する。

## ポイント整理

**1** 近代国際法の成立

グロティウス『戦争と平和の法』→近代国際法の原則確立に貢献

海洋法の発達→元は慣習法（公海自由の原則），現在では国連海洋法条約により成文化

**2** 軍縮と国際法

核拡散防止・核実験禁止→ NPT（核拡散防止条約），PTBT（部分的核実験禁止条約），CTBT（包括的核実験禁止条約）

核戦力の制限・削減→ SALT（戦略兵器制限条約），START（戦略兵器削減条約），INF（中距離核戦力）全廃条約等々

その他の条約→化学兵器禁止条約，対人地雷全面禁止条約

**3** 地球環境問題と国際法

温暖化防止→気候変動枠組み条約（地球温暖化防止条約），COP（気候変動枠組み条約締約国会議），京都議定書（2005 年発効）→温室効果ガスの排出削減義務の発生

**4** 人権問題と国際法

世界人権宣言，国際人権規約（A 規約；社会権，B 規約；自由権など）の採択

**問題① 国際社会と国際法に関する記述として最も妥当なものはどれか。**

（税　平 18 教養）

**1** 国際法の父と呼ばれるイギリスのグロティウスは，『戦争と平和の法』を著し，国家間の関係に自然法を適用して，国家が従わなければならない国際規範があると主張したが，この考えは 17 世紀のイギリスの航海法の制定に影響を与えた。

**2** 国際法には，公海自由の原則のように諸国間で長期の慣行を経て形成された国際慣習法と国家間の合意として明文化されて効力を発揮する条約とがあるが，条約は全権委任状を携行する代表により合意内容を確定する署名がなされた時点で発効する。

**3** 国際法は，従来，主権や領土などの個々の国家の利益を中心に構成された国際社会の秩序を規律するものであったが，国際連合などの国際機構の活動によって，人権や環境の問題など，国際社会全体の利益を想定する新しい考え方が取り入れられるようになった。

**4** 安全保障の国際法に，複数の国家が同盟して第三国からの攻撃に共同で反撃する防衛同盟条約があるが，二度の世界大戦を経て制定された国際連合憲章では，はじめて戦争や違法な武力に訴える国を残りの国は集団で制裁するという，より組織的な集団安全保障制度を導入した。

**5** 国際法による裁判所には，当事者が合意した裁判官による国際仲裁裁判所，常設の国際司法裁判所および集団虐殺の首謀者などを犯罪者と訴追する常設の国際刑事裁判所などがあり，旧ユーゴスラビアやルワンダの民族紛争は常設の国際刑事裁判所で裁かれた。

---

**解説**

**1** ×　グロティウスはオランダの人間であり，イギリス出身ではない。また彼の時代の海洋法論は，オランダがグロティウスの主張する「自由海論」であり，イギリスはむしろ反グロティウス的な「閉鎖海論」を主張していた。

**2** ×　条約は，全権委任状を携行する代表者が署名するだけでは発効しない。①署名国における批准と②批准書の交換を経て，ようやく条約は発効する。

**3** ○　妥当な記述である。

**4** ×　集団安全保障の考えは，第一次世界大戦後に設立された国際連盟においても採用されている。ただし，制裁方法は経済制裁に限定されており，その意味で徹底されたものではなかった。

**5** × 旧ユーゴスラビアやルワンダの戦争犯罪は，それぞれの特別法廷により裁判された。なお，国際刑事裁判所は，旧ユーゴスラビアの内戦で特別法廷が作られたことを契機に，恒常的な刑事裁判所（国連の主要機関である国際司法裁判所には，戦争犯罪人を裁く権能がない）が必要ということで設置されたものである。

**解答 3**

**問題② 国際法に関する記述として，妥当なのはどれか。** （都 平29教養）

**1** オランダのグロティウスは，「国際法の父」と呼ばれており，「海洋自由の原則」を説いた。

**2** 国際法とは，国家間の合意が文書により明示された法規範のことをいうが，条約は国家間の契約の一種であり，国際法としての性質は有しない。

**3** 国際司法裁判所は，当事国から合意を得た上で裁判を始めることができるが，その判決は，当事国に対する法的拘束力を持たない。

**4** 国際刑事裁判所は，オランダのハーグに常設の機関として設置されており，アメリカ，ロシア及び中国は加盟しているが，日本は加盟していない。

**5** 地域的な国際裁判所として，欧州連合に欧州人権裁判所が設置されているほか，欧州評議会では欧州司法裁判所の設置が検討されている。

**解説**

**1** ○ 妥当な記述である。

**2** × 条約も，当事国間での合意が文書に明示された国際法の一つである。

**3** × 国際司法裁判所（ICJ）の判決は，当事国に対して法的拘束力を持つ。従わない場合は，国連安全保障理事会からの制裁が下される可能性もある。

**4** × 加盟している国と加盟していない国が逆である。国際刑事裁判所（ICC）に，アメリカ，ロシアおよび中国は未だに加盟していないが，日本は2007年に加盟している。

**5** ×　それぞれの裁判所と，置かれている機関が逆である。欧州人権裁判所が欧州評議会（CE）に設置されており，欧州司法裁判所は欧州連合（EU）に，すでに設置されている。なお，欧州評議会は欧州連合とは別機関であり，本部もフランスのストラスブールに置かれている（EU の本部はベルギーの首都ブリュッセルにある）。

**解答　1**

**問題③　次の文は，核軍縮の歩みに関する記述であるが，文中の空所 A ～ C に該当する条約の組合せとして，妥当なのはどれか。**（区　平 19 教養）

1960 年代に入ると，キューバ危機を転機として，アメリカとソ連の間で軍備管理に向けた交渉が行われるようになった。1963 年に部分的核実験停止条約が，1968 年に［　A　］が締結され，さらには 1969 年から，アメリカとソ連の間で戦略兵器制限交渉が行われ合意が得られたが，1979 年のソ連のアフガニスタン侵攻により，軍備管理交渉は停滞した。

1980 年代後半以降，アメリカとソ連の緊張緩和が進み，1987 年には［　B　］が締結され，1991 年と 1993 年には，二次に渡る［　C　］も調印された，また，1995 年に［　A　］の無期限延長が決定されるとともに，1996 年には国連総会で包括的核実験禁止条約が採択された。

| | A | B | C |
|---|---|---|---|
| **1** | 核拡散防止条約 | 中距離核戦力全廃条約 | 戦略兵器削減条約 |
| **2** | 核拡散防止条約 | 戦略兵器削減条約 | 中距離核戦力全廃条約 |
| **3** | 戦略兵器削減条約 | 核拡散防止条約 | 中距離核戦力全廃条約 |
| **4** | 戦略兵器削減条約 | 中距離核戦力全廃条約 | 核拡散防止条約 |
| **5** | 中距離核戦力全廃条約 | 核拡散防止条約 | 戦略兵器削減条約 |

**解説**

キューバ危機を契機に米ソの軍備管理に向けた交渉が開始されるが，比較的初期に締結されたものは，1963 年の部分的核実験停止条約（PTBT）と 1968 年の核拡散防止条約である。ゆえに A には核拡散防止条約が入る。続いてゴルバチョフ登場による1980年代の米ソの緊張緩和の時期であるが，1987年には中距離核戦力全廃条約が締結され，1991年と93年には，戦略兵器削減交渉が行われる。ゆえにBには，中距離核戦力全廃条約が，Cには戦略兵器削減条約が入る。したがって，正解は**1**となる。

**解答 1**

**問題④ 人権に関わる国際条約に関する次の記述のうち，最も妥当なのはどれか。** （税 平16教養）

**1** 国際人権規約は，社会権規約（A規約），自由権規約（B規約），B規約の選択議定書の総称であり，世界人権宣言と異なり法的拘束力を有する。また選択議定書は，その締約国の個人が行った通報を規約人権委員会が審議する制度などを規定している。

**2** 女子差別撤廃条約は，世界女性会議において採択された北京宣言に規定する原則の実施のために締結された。真の男女平等の実現および完全なる女子差別の撤廃を追求しているため，女性のみが対象となる母性保護を目的とする特別措置も禁止している。

**3** 人種差別撤廃条約は，人種差別に限らず，すべての差別を扱う条約であり，ヨーロッパ，アメリカ，アフリカで締結された地域人権条約がその前身である。そのため地域人権条約が締結されていなかったアジア地域には人種差別撤廃委員会の決定の効力は及ばない。

**4** 児童の権利条約は，あらゆる児童の生存，発達，保護を最大限に確保するための条約である。しかし，その実施状況を審査する委員会の設置や締約国による定期的な報告制度等の措置は規定されておらず，具体的な条約の履行は各条約国に委ねられている。

**5** 難民条約は，戦争などで外国に逃れ，本国の庇護を受けられない難民を本国に送還することを禁止するほか，締約国に定住する不法就労者の受け入れ及び保護を義務として規定している。我が国はこの条約の批准を機に，出入国管理及び難民認定法を制定した。

**解説**

**1** ○　妥当な記述である。国際人権規約は，世界人権宣言とは異なり「法的拘束力」をもった条約である。なおB規約の選択議定書については，日本は批准をしていない。

**2** ×　女性差別撤廃条約は1981年に締結された条約であり，北京宣言（1995年）以前から存在している。また，母性保護については差別禁止の例外として認められており，この点でも肢の記述は妥当ではない。

**3** ×　人種差別撤廃条約は，人種差別（人種，肌の色，血統などによる差別）を対象としているもので，すべての差別を扱う条約ではない。また同条約はアジア諸国にも効力が及んでおり，この点でも肢の記述は妥当ではない。

**4** ×　児童の権利条約では，その実施状況を審査する委員会の設置や締約国による定期的な報告について規定されている。

**5** ×　難民条約は，生命，自由が脅かされた難民を，たとえそれが「不法入国」であっても，保護されるべきことを義務づけている条約である。しかし定住不法就労者までも保護することを義務づけている条約ではない。

**解答　1**

# 第6章

## 国際紛争

ここでは国際紛争を学びます。人間は有史以来，戦争を繰り広げてきましたが，現在においてもそれが止む兆候は見られません。なぜ，人は争うのか，その原因と，争ってどうなったのか，その結果を学んでください。

重要度
★★★

# 1 近年の国際紛争

国際紛争を理解するためには本来さまざまな要素を把握しなければなりませんが，こと試験に関してはそれほど細かい知識は要求されていないことが多いです。区別するための紛争名，紛争原因，紛争当事者，紛争の経過と結果，現在の状況，といったことが整理されていれば問題は基本的に解けるはずです。ただしきちんと整理していないと出題者の意図した罠に陥ることもあるので，十分注意して覚えていってください。

## 1．アジア地域における紛争

### （1） 中東戦争

① 時期…1948 年～現在

② 場所…パレスチナ地域（中東）

③ 紛争当事者…ユダヤ人（イスラエル），アラブ人（エジプト，シリア，ヨルダン，レバノン，PLO，他）

④ 原因…イギリスの二枚舌，ユダヤ人のパレスチナ地域への入植とそれに反対する行動

⑤ 経過…「4 度の戦争と和平交渉」

1）ユダヤ人は，紀元前にパレスチナ地域に定住していたが，1 世紀にローマ帝国によって滅亡させられ，以降，世界各地に散らばった。その後，当地はユダヤ教，キリスト教，イスラム教の 3 宗教の「聖地」とされたため，常に争いごとの種となっていた。20 世紀に入って，第一次世界大戦が勃発すると，戦局を有利に進めたいという思惑から，イギリスは，1915 年にアラブ人に対してパレスチナの地でその独立を認める「**マクマホン協定**」を出す一方，17 年にはユダヤ人に対しても「**バルフォア宣言**」で同じように独立を約束した。第一次世界大戦後，イギリスはパレスチナの地を委任統治領として，両者の独立は達成されなかった。ユダヤ人は，「シオニズム[1)]」を基礎にしたパレスチナ帰還運動を展開し，20 世紀になる

とパレスチナの地へ移住してくるようになった。第二次世界大戦に入ると，ドイツなどで迫害を受けたユダヤ人がどんどん移住してくるようになった。

2）1947年，国際連合ではアメリカ・ソ連を中心とした諸国はアラブ諸国の反対に遭いながらも，パレスチナをユダヤ人とアラブ人の双方に分割する決議を出した。ユダヤ人は，イギリスの委任統治終結予定日である48年5月にイスラエル共和国の建国宣言を行った。これに対してアラブ諸国が反発し，第一次中東戦争が勃発した。49年に停戦協定が成立し，ヨルダン川西岸地区はトランス・ヨルダン，ガザ地区はエジプトに，それぞれ占領・併合され，それ以外のパレスチナ国家建設予定地はイスラエルの支配下に置かれた。これによってパレスチナ人[2)]による国家建設は行われず，難民が発生することになった。

3）1956年，エジプトのナセル大統領によってスエズ運河の国有化宣言が出された。イスラエルはエジプトを奇襲し，これに続いてイギリスとフランスも軍を侵攻させた。両国はスエズ運河の株を保有していたためであり，イスラエルの軍事侵攻は両国の意向をくんだものであった。ただ，アメリカ・ソ連を中心とした国際世論の強い非難を受けて，1週間後に軍事活動を停止した。エジプトは，戦闘には負けたものの，運河の国有化には成功し，中東地域における指導者としての地位を確立していった。そして，アラブ連盟[3)]の主導のもとに，1964年，**PLO（パレスチナ解放機構）**が設立された。PLOは，元々ばらばらであったパレスチナ解放を掲げるグループをまとめたものである。当初は有効な闘争の組織化ができなかったが，ファタハの指導者であるアラファトが議長になり，パレスチナ解放を目指す自立的政治組織になっていった。

4）1967年6月，イスラエルはそれまで受けたテロ活動などに危機感を募らせていたことから，挙国一致内閣成立を契機に，エジプト，シリア，ヨルダンに対して先制攻撃をしかけ，第三次中東戦争が始まった。この戦争は，イスラエルの圧勝に終わり，六日間戦争と呼ばれる。この結果，ヨル

---

1）シオニズムは，ユダヤ教徒（ユダヤ人）を一つの民族とみなし，ユダヤ人の国民国家建設をすることによって，ユダヤ人の民族としての再生を図ろうとする運動・思想。　2）パレスチナ地方に住むアラブ人のこと。　3）1945年に設立されたアラブ諸国の主権の擁護と相互協力の促進を目的とした組織。

ダンから東エルサレムを含むヨルダン川西岸地区，エジプトからガザ地区を含むシナイ半島全域，シリアからゴラン高原，をそれぞれ支配下に入れた。国連安保理は国連決議242号を採択し，イスラエルを含む中東の全国家の主権，領土保全等の保障を確認するとともに，イスラエルにはアラブ占領地からの撤退を求めたが，無視されている。イスラエルは，東エルサレムを併合し，入植政策による既成事実化を進めている。

5）ナセルの死後にエジプト大統領になったサダトは，シリアとともにイスラエルを奇襲し，1973年6月，第四次中東戦争が始まった。緒戦でイスラエルに大打撃を与えたアラブ側は，それまでのイスラエルの「不敗神話」を崩すことに成功したものの，最終的に戦線は膠着状態に陥り，米ソ共同提案による停戦と和平に関する国連安保理決議を両者が受諾する形で停戦した。この戦争に際し，アラブ石油輸出国機構（OAPEC）がアメリカへの石油輸出停止や非友好国への供給削減といった石油戦略を発動し，これによって世界的な石油危機や経済混乱が発生した。これを**第一次石油危機**という。なお，PLOは，第四次中東戦争後のアラブ首脳会議で，パレスチナ人唯一の正式代表の地位を認められ，また，国連総会においても正式なオブザーバーとして認定された。

6）1978年，カーター米大統領の仲介により，両国の関係正常化に向けた「**キャンプ・デービッド合意**」ができ，翌79年には「**イスラエル・エジプト平和条約**」が締結され，シナイ半島はエジプトに返還された。

7）1990年に湾岸危機が起こり，翌年湾岸戦争が勃発した。この戦争後，PLOはイラクを支持したためにアラブ諸国からの支援が減り，クウェートからパレスチナ人が追放されるなどの措置がとられたことにより資金状況が悪化し，ソ連の崩壊により政治的軍事的な支援を得られなくなった。93年9月，ワシントンにおいて，イスラエル政府とアラファトPLO議長との間に「**オスロ合意（パレスチナ暫定自治協定）**」が調印された。これによって，イスラエルが占領地のガザとヨルダン川西岸から段階的に撤退し，5年間の暫定自治期間にエルサレムの帰属や難民問題などの最終地位交渉を行うとした[4]。94年にはガザ・エリコ先行自治協定（カイロ協定）

---

4）暫定自治実施後3年以内に行う予定であったが，行われていない。

が締結され，両地区からイスラエル軍が撤退し，自治が始まった。95年9月には拡大自治協定が締結され，ヨルダン川西岸の都市まで自治区域が拡大された。97年，ヘブロン合意により，ヘブロンからのイスラエル軍撤退合意がなされ，また98年にはイスラエル軍が13%の占領地域から撤退することを規定したワイ・リバー合意を締結した。

8）第一次から第四次までの中東戦争をまとめると次の表のようになる。

〈中東戦争〉

| 名称 | 期間 | 原因 | 当事者 | 経過・結果 |
|---|---|---|---|---|
| 第一次中東戦争（独立戦争・パレスチナ戦争） | 1948～49 | イスラエル建国宣言 | ・イスラエル<br>・エジプト，シリア，イラク，トランス・ヨルダン，レバノン | イスラエルは独立し，国連決議案よりも多くの地域を占領 |
| 第二次中東戦争（スエズ戦争） | 1956 | エジプトのスエズ運河国有化宣言 | ・イスラエル，フランス，イギリス<br>・エジプト | 米ソが協力して停戦圧力をかけて停戦。エジプトはスエズ運河を国有化 |
| 第三次中東戦争（六日間戦争） | 1967 | ゴラン高原非武装中立地帯のユダヤ人入植地建設 | ・イスラエル<br>・エジプト，ヨルダン，シリア | イスラエルが奇襲し各地を占領。ヨルダン川西岸をイスラエルは占領し，入植を実施 |
| 第四次中東戦争（ヨムキプール[5]戦争） | 1973 | アラブ側の奇襲 | ・イスラエル<br>・エジプト，シリア | OAPECが石油戦略を発動し，第一次石油危機が発生<br>1979年にエジプトとイスラエルが平和条約を締結。94年にイスラエル・ヨルダン平和条約が締結 |

5）ヨムキプールとは，断食贖罪の日のことであり，祝日である。

エジプト・イスラエル平和条約（1979）

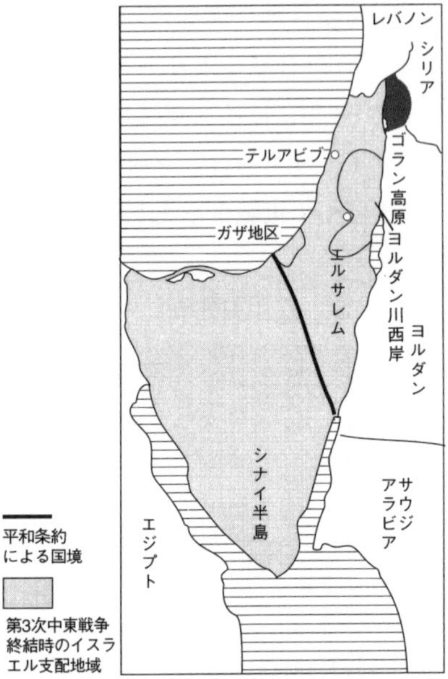


出典：高崎通浩『改訂版世界の民族地図』作品社　P.431

［中東戦争によるイスラエルの領土拡大］

⑥　結果…中東和平に向けた話し合いは，当事者の一人であったイスラエルのラビン首相が暗殺されて以降，足踏み状態が続いている。

主にイスラエルによる攻撃で，現在も散発的に武力衝突が起こっている。なお，近年パレスチナは国家としての地位を確立しようとする動きが目立っている。2011 年に国連教育科学文化機関（UNESCO）がパレスチナを正式な加盟国として迎え入れることを決定し，2012 年 11 月には国連がパレスチナ自治政府をオブザーバー組織からオブザーバー国家としての参加資格を認めている。日本は国家承認をしていないが，アジアやアラブ諸国の途上国を中心に，世界 130 か国以上がパレスチナを国家承認している。

●湾岸戦争

1990年8月，イラク軍がクウェートに侵攻し，湾岸危機が発生した。これに対し，アメリカを中心とする西側諸国とアラブ諸国の一部は，**多国籍軍**を形成し，国連安保理の武力行使容認決議をもとに，91年2月，クウェートに駐留していたイラク軍へ軍事攻撃を実施した。同月末にイラク軍はクウェートから一掃されて停戦が成立したが，イラクのフセイン体制は存続した。この戦争ではアメリカの軍事力が示されたが，日本やドイツ，韓国，アラブ諸国などが戦費を負担したことは，アメリカの経済的凋落傾向を示すことにもなった。

## (2)　印パ紛争

① 時期…1947年～現在

② 場所…カシミール地方（インド・パキスタン・中国国境付近）

③ 紛争当事者…インド，パキスタン（中国も関与）

④ 原因…カシミール地方領有権争い，宗教

⑤ 経過…「3度の直接対決と核兵器開発」

1）1947年，イギリス領インドは，インドと東西パキスタンとして独立した。インドの人口のうち約8割がヒンズー教徒であり，パキスタンのほとんどはイスラム教徒であった。

2）両国は，カシミール地方の領有権問題で対立した。カシミールが，南アジアの穀倉地帯であり，水利もよく，戦略的に重要性が高い地域であったためである。この地方の住民は大半がイスラム教徒であったが，藩王（マハラジャ）はヒンズー教徒であったため，インドに帰属することになった。1947年にヒンズー教徒の土地問題にパキスタン軍が介入し，藩王の援助要請で軍が派遣されたことから両国軍は衝突した。これが第一次印パ紛争である。このときは，国連の調停を受け入れて，48年に停戦した。

3）パキスタンと中国との間で友好協定が結ばれたことで，カシミールに関するバランスが崩れそうになり，インドとパキスタンは交渉したが決裂し，1965年に第二次印パ紛争が起こった。国連の調停で休戦となり，中国が介入する危険性がなくなったこともあって，和解へと進展した。しかし，アメリカ・イギリス・ソ連による調停でタシュケント会議が開かれた

ものの，インドの首相が他界し，パキスタン国内で内乱が起こったこともあって，タシュケント会議で決定された「カシミール地方のインド併合を問う国民投票」は実施されなかった。

4）東西パキスタンは，東パキスタンが対外貿易のうち4分の3を占めていたにもかかわらず，経済的発展は西パキスタンでのみ行われたことから，東パキスタンでは1966年から大規模なストライキと自治権要求が起こった。西パキスタンのカーン政権は70年に行われた選挙結果を取り消し，納税拒否運動を鎮圧するため軍隊を派遣した。そして，71年に東パキスタンはバングラデシュとして独立宣言を行った。大量の難民がインドへ流

［印パ停戦ライン］

入し，カシミールもパキスタンの攻撃を受けたことで第三次印パ紛争が勃発した。インドはダッカを陥落し，バングラデシュに駐留していたパキスタン軍を降伏させ，両国と停戦した。

⑥ 結果…1998年に両国は核実験を行うなど，緊張状態が続いたが，2003年以降，関係改善の兆しが見られる。しかし，2008年にインドのムンバイでパキスタンのテロリストによる組織的なテロ攻撃が行われたことで，両国間の関係が悪化した。その後，2011年に経済関係を中心にパキスタンはインドとの関係を強化する意向を示し，両国間で関係改善の動きも見られた。しかし2014年8月から印パ間で越境攻撃が散発しており，関係が冷え込んでいる。

## （3） スリランカ民族紛争

① 時期…1948年～2009年

② 場所…スリランカ

③ 紛争当事者…シンハラ人（仏教徒），タミル人（ヒンズー教徒）

④ 原因…民族，宗教

⑤ 経過…スリランカの人口の約75%は仏教徒のシンハラ人[6]であり，独立以降政治を支配してきた彼らが，言語，宗教，経済政策などでシンハラ人優遇政策を取ってきた。これにより，シンハラ人よりも高学歴でありながら定職につけない少数派のタミル人（約18%）が増えるなどの問題が発生したことから，タミル人による自治要求が高まった。特に1956年の公用語法が制定され，教育や公務員採用試験などにおいてタミル人が不利益を被ることが多くなり，タミル人の多い北部や東部で分離独立要求が出るようになった。58年以来大規模な民族暴動が何度も起こり，70年代末からはインドの支援でタミル統一解放戦線がテロ活動をするようになり，また，タミル・イーラム解放の虎（LTTE）[7]などの過激派と政府との対立も激化した。スリランカ政府は87年にインド軍の導入に合意し過激派対策を委ねたがうまくいかず，90年にインド軍は撤退した。その後も政府要人の暗殺などが起

6）シンハラ人のシンボルはライオンで，シンハラはシンハラ語で「獅子の子孫」を表す。　7）イーラムはタミル語で「タミルの国」の意味であり，「虎」は11世紀にスリランカ北部を占領した南インド・チョーラ朝の紋章で，彼らのシンボルでもある。

こり，1995年にLTTEと政府との間で暫定停戦が合意されたものの，すぐに戦闘に突入した。

⑥ 結果…2009年5月にLTTEが敗北宣言を出して終結した。

## （4） 東ティモール問題

① 時期…1976年～2002年

② 場所…東ティモール島

③ 紛争当事者…インドネシア（イスラム教），東ティモール島の住民（カトリック）

④ 原因…東ティモールの独立

⑤ 経過…「ポルトガル領有の後，インドネシアによる武力併合から独立へ」

1）1512年にポルトガル人が上陸して以来，ティモール島ではポルトガルとオランダによる植民地争奪戦が行われた。1854年に両国による東西分割支配が確認され，東半分が**ポルトガル領**となった。第二次世界大戦において日本に占領されたインドネシア地域（オランダ領）は，戦後インドネシアとして独立したが，東ティモールはポルトガルに返還された。

2）1974年にポルトガルで政変があり，海外植民地の放棄が決定され，また，東ティモール独立革命戦線（FRETILIN）が独立革命闘争を行っていた。75年11月に，東ティモール人民民主共和国独立宣言が行われた。しかし，**インドネシア**はこれを認めず，76年7月，軍事介入を行い，27番目の州として**併合**した。先進国も，オーストラリアが併合に承認を与えるなど，表立って併合について非難をしなかった。

3）1991年，東ティモール州都ディリでインドネシア国軍兵士が民衆へ発砲したことがきっかけとなって，東ティモール問題が人権抑圧問題として国際的な注目を浴びることになった。そして，96年には自治権の拡大と独立をそれぞれ掲げるベロ司教とラモス・ホルタ民族抵抗評議会特別代表に**ノーベル平和賞**が贈られた。

4）1998年5月，スハルト政権が倒れた。後任のハビビ大統領は，東ティモール駐留軍の部分的段階的撤退案を提示するなど，政策転換を図った。この動きが後に加速し，99年8月，国連東ティモール派遣団のもとで住民投票の実施に行き着き，インドネシア内の自治地域としてではなく，**独立国家形成を支持する投票が多数派**を占めた。しかし，併合派（インドネシアにとどまることを支持する派）がこの結果に反発し，民兵らが独立賛成派の住民らを襲撃し，多数の死者や難民が発生したことを受けて，国連は，インドネシア国軍が治安維持能力を発揮しなかったことを憂慮し，決議を経て東ティモール国際軍（多国籍軍）を派遣し，治安維持を図った。インドネシア政府は独立を承認し，国連による暫定自治2年を経て独立することになる。このため，**国連東ティモール暫定統治機構（UNTAET）**が発足し，2000年に多国籍軍が撤退した後はUNTAETが治安任務を引き継いだ。

⑥　結果…2002年5月20日に東ティモールは独立を達成した。

## （5）　イラン・イラク戦争

①　時期…1979年～88年

②　場所…イラン・イラク国境付近，ペルシャ湾

③　紛争当事者…イラン，イラク

④　原因…原油

⑤　経過…1979年3月に起こったシーア派によるイラン革命で，イランにイスラム共和国が成立した。イラクは，イラン革命による混乱に乗じ，シャットル・アラブ川の領有権を主張して，イラン領内へ侵攻した。そして，イラン革命からアラブ諸国を守る盾として，サウジアラビアなどから戦費を拠出させて戦争を行った。両国の戦闘は一進一退をくりかえしたが，81年に戦況は膠着した。

⑥　結果…1988年に国連の仲介により停戦した。イラン革命を機に，第二次石油危機が発生した。

## （6）　チベット問題

①　時期…1950年～現在

②　場所…中華人民共和国チベット自治区

③　紛争当事者…中国政府，チベット人

④　原因…民族，宗教

⑤　経過…1950 年に中国軍がチベットへ侵攻し，51 年平和解放協定で中国領（自治区）に編入した。チベット独立を求める民衆蜂起が 59 年から起こり，中国は軍で鎮圧した。このとき，宗教指導者ダライ・ラマ 14 世はインドへ亡命した。独立を求めるデモは続き，89 年には戒厳令まで出された。2008 年には大規模な騒乱が起き，欧米や日本でも抗議活動が展開された。

⑥　結果…チベット問題の本質的解決は達成されていない。また，ダライ・ラマ 14 世は，1989 年にノーベル平和賞を受賞した。

## （7）　南沙諸島問題

①　時期…（1960 年代から 70 年代にかけて本格化か）～現在

②　場所…南シナ海，南沙（スプラトリー）諸島

③　紛争当事者…中華人民共和国，台湾，ヴェトナム，フィリピン，マレーシア，インドネシア，ブルネイ

④　原因…領有権争い，原油等の地下資源

⑤　経過…1974 年と 88 年に中国軍とヴェトナム軍との間で軍事衝突が起こっている。そして，92 年に中国は自国の法律で領有権を明記している。同年，ASEAN 外相会議では，領有権を棚上げにして資源開発や海洋研究を共同作業で行うという合意がなされており，93 年には中国とヴェトナムが領土問題解決の原則に関する協定を結んだ。97 年には中国とフィリピンとの間で争いが起こった。

⑥　結果…1999 年の ASEAN 外相会議で中国の実効支配阻止と紛争の防止をめざす「南シナ海行動規範」の草案作業部会を設置したが，対象地域についてまとまらず，また，2000 年の ASEAN 地域フォーラムでも実質的な協議は行われていない。

## （8）　アフガニスタン戦争

①　時期…2001 年

②　場所…アフガニスタン

③　紛争当事者…アメリカ，タリバン政権

④ 原因…イスラム原理主義の9.11テロ（2001年）に対する報復

⑤ 経過…第一次世界大戦後，アフガニスタンはイギリスから独立を果たし，王政となるが，1973年にクーデタが発生，王が亡命し，共和制に移行することとなった。しかし，共産党の伸張やそれに反発する勢力，さらには，共産党内部での権力闘争が火種となり，国内の治安が悪化した。そのような状況下で，もともと隣国の支配権の強化を狙っていた**ソ連**が，この混乱に付け込む形で，**アフガニスタン侵攻を開始**し（79年），ついには親ソ政権が樹立することとなった。しかしこのことは，ソ連に反発するアフガンの各武装勢力の激しいゲリラ戦を惹起し，10年もの間，この状況が続くこととなった。その後，ソ連の政権がペレストロイカを推進するゴルバチョフ政権に交替し，冷戦の終結宣言（89年）が出されると，ソ連軍はアフガンより撤退することとなったが，一度混乱した状況はソ連軍の撤退だけでは収拾がつかず，94年，イスラム神学生を中心に結成された**タリバン**が登場したことで，ようやく国内の再統一が達成された。

しかし，タリバン政権はその原理主義的政治のために，国民に対する支配は強権的なものとなっていった。一方，このような原理主義的な政治は，各国に存在するイスラム原理主義者の支援（**オサマ・ビンラディン**もその一人）を得ることにつながり，アフガン・タリバン政権と国際イスラム原理主義のネットワークの関係は強化されていった。

このような状況下で，2001年9月11日，3機のハイジャックされた旅客機によって，ニューヨークの施設や国防総省のビルが攻撃された（アメリカは，首謀者はオサマ・ビンラディンと断定）。アメリカ政府は，ビンラディンが潜伏しているとされたアフガン・タリバン政権に身柄の引き渡しを要求したが，タリバン政権はこれを拒否，それを受けて，同年10月にはタリバン政権に対する「報復攻撃」が開始された。11月になると，状況はアメリカ軍優勢が決定的となり，最終的にタリバン政権は崩壊した。

⑥ 結果…タリバン政権崩壊後，**ハミド・カルザイ**率いる政府が成立し，現在，国内の建て直しが図られている。

## 2．南北アメリカ大陸における紛争

### （1） ケベック州独立問題

① 時期…1960 年代～現在

② 場所…カナダ・ケベック州

③ 紛争当事者…イギリス系住民，フランス系住民（州人口の約 72%）

④ 原因…言語・文化摩擦

⑤ 経過…ケベック人は，長い歴史と共通の言語，文化を持ち，民族としての同一性を主張してきた。1960 年代以降分離独立運動が盛んになり，1982 年に連邦政府はカナダ人権規約の明文化，英仏二言語主義，上院および最高裁判所の改組などを盛り込んだ「1982 年憲法」を制定し，87 年にケベック州議会もこれを受諾した。しかし，州側に有利な条項を含んだ「ミーチレーク協定」が 90 年に英語圏住民の反発で不成立になったことから，ケベック分離独立運動はケベック党を中心に再燃した。さらに，92 年，マルルーニー首相が出した憲法改正案である「シャーロットタウン合意」も国民投票で否決された。その後の州選挙で勢いを得た分離独立派は機をうかがい，95 年 10 月には分離独立を問う州民投票が行われたが，結果は僅差で分離独立派が敗れた。なお，98 年，カナダ最高裁判所は，たとえ過半数の州民が賛成しても一方的な分離はできないという判断を下している。

⑥ 結果…分離独立の運動は収まったわけではない。

## 3．ヨーロッパ地域における紛争

### （1） 旧ユーゴスラビア内戦

① 時期…1991 年～ 95 年

② 場所…旧ユーゴスラビア連邦共和国

③ 紛争当事者…クロアチア人，スロベニア人，セルビア人

④ 原因…民族問題，宗教，経済格差

⑤ 経過…「旧連邦の 6 共和国がそれぞれ独立した」

1）複合的な連邦国家として，旧ユーゴスラビアは，第二次世界大戦後に独立した。1980年代後半から始まった自由化や民主化の波は，1991年にスロベニア，クロアチア，ボスニア・ヘルツェゴビナが相次いで独立宣言を行う事態にまで発展した。

2）1991年6月，スロベニアは独立宣言を行った。これに対し，セルビアを中心としたユーゴスラビア連邦軍がスロベニアを爆撃し，内戦状態になった。しかし，10日後には停戦が成立し，同年10月には停戦が宣言された。91年12月には憲法が制定され，92年5月には国連への加盟も承認された。

3）1991年6月，クロアチアの独立宣言に対して，クロアチア共和国の人口13%を占めるセルビア系住民が反発し，さらに連邦軍が介入して攻勢をかけて，領土の3分の1を支配下に収めた。セルビア人は，クライナ・セルビア人共和国を宣言し，クロアチア人と連邦軍の支援を受けたセルビア人との間で内戦が展開された。この結果，92年に停戦が成立し，国連は国連保護軍（UNPROFOR）を派遣した。

4）1991年10月，ボスニア・ヘルツェゴビナ[8)]のムスリム系指導者が，クロアチア人の支持を受けて独立を宣言した。これに対してセルビア系住民が分離に反対して蜂起したことをきっかけに内戦が始まった。93年8月以降，新ユーゴ連邦の支援を受けたセルビア人勢力は，ボスニアの7割を実効支配下に治めた。国連は新ユーゴに経済制裁を加え，さらにボスニア駐留のUNPROFORには限定的な武力行使権を認めた。それでもセルビア人による攻勢は続き，民族浄化やPKO部隊への攻撃も行われたことから，NATOによるセルビア人への爆撃が実施された。95年11月，3民族の代表がデイトン和平案の合意に達し，12月にボスニア・ヘルツェゴビナ和平協定が調印された。これにより，ボスニアは連邦国家となり，ボスニア連邦[9)]とセルビア人共和国[10)]の二つの共和国が設置された。

5）和平合意の後，国連保護軍に代わり，NATO主体の平和履行軍（IFOR）が和平協定履行の監視にあたった。また，96年12月からは，和平安定化

---

8）人口構成は，ムスリム（イスラム教）が約43%，セルビア人（セルビア正教）が約32%，クロアチア人（カトリック）が約17%である。　9）国土の51%・ムスリムとクロアチア人により主に構成される。　10）国土の49%・セルビア人により主に構成される。

軍（SFOR）が活動している。

6）コソボは，ユーゴスラビアの構成国の一つであったセルビア内の自治州であった。コソボの人口構成は，イスラム教徒のアルバニア人が9割なのに対し，セルビア人は1割未満であったこともあり，1950年代からアルバニア人は連邦内での共和国化を要請していた。

しかし，ミロシェビッチが政権を取ってから，コソボの自治権は有名無実化していった。その後独立を求めるアルバニア人と，独立を阻止しようとするセルビア人の間に武力衝突が生じた。1998年にセルビアがコソボ解放軍の掃討作戦を実行したことで，イギリス・フランス・ドイツ・イタリア・ロシアの5カ国が新ユーゴへの制裁を決定し，さらにアメリカを加えた旧ユーゴ問題連絡調整グループが双方に和平案を提示した。アルバニア人勢力は和平案に応じたものの，1999年にミロシェビッチが和平案を拒否したため，NATOがユーゴへの空爆を行った。この空爆は事前に国連安保理の武力行使容認決議を取り付けないで行われたため批判された（後に事後承認される）。紛争終結後は，民生部門の支援を目的とするPKOとして国連コソボ暫定ミッション（UNMIK）が設立され，国際安全保障部隊（KFOR）とともに，NATO軍とロシア軍が主体となって治安維持に当たった。

⑥ 結果…2000年になってミロシェビッチ体制が崩壊し，コシュトゥニツァ政権が誕生，さらに，新ユーゴスラビアは，残った共和国の将来的な分離を前提に名称をセルビア・モンテネグロと改めた。さらに2006年5月，モンテネグロで行われた住民投票により独立賛成が独立可決に必要な55%を超えたため，同年6月，モンテネグロ議会が独立を宣言，それに続いて同月，セルビアも独立を宣言したため，かつてのユーゴスラビアは完全解体となった。

さらに，セルビアからコソボが2008年2月に独立を宣言した。日本はコソボを国家承認している。

このボスニア・ヘルツェゴビナ紛争の際の要員と兵力の派遣，セルビア人勢力によるコソボ共和国のアルバニア系住人に対する民族浄化やそれへの報復行為を阻止するための武力介入が，人道的介入についての議論を引き起こすことになった。

### ●人道的介入

**人道的介入**とは，他国で侵害されている人権の擁護のため，外交的圧力，経済制裁，救援・停戦・警察・行政の要員派遣，あるいは軍事力行使などの介入を行うこと。したがって，必ずしも軍事介入（軍事力行使）だけを指すものではない。

にもかかわらず，人道的介入が争点化したのは次のような理由が考えられる。1）大規模な人権侵害が頻発したこと，2）人権が普遍的であるとの意識（人権の普遍性の意識）の高まりと，他国の人権侵害への国際的関心が高まったこと，3）軍事力行使が，手段として人権擁護に不可欠な場合がありながら，それ自体が破壊と人権侵害をもたらすという同義的両面性を持つことなど，である。人権擁護の緊急性が高い場合，受け入れ国や紛争当事者の同意なしにも，人道的介入が許される，という考え方が強まりつつあった。

一方で，介入の正当化には，国際世論の合意が重要である。コソボ紛争の際のユーゴ空爆は，ロシアと中国が反対したため国連安保理を通さず，欧州連合（EU）首脳会議の決定に基づき北大西洋条約機構（NATO）が行った。他方，ルワンダでの大量殺りくが進行した時には国連は本格介入しなかった。このように，1）多くの人権侵害のうちどれに介入するか，2）介入手段の選択とその成功の見通しの判断，3）介入と撤退の時期決定，4）国際的合意をどの枠組みで形成するか，などの問題は大国主導，特にアメリカ主導で決まることも散見された。

人道的介入に対する批判などから，近年では国内における一線を越えた残虐行為の禁止という文脈で提唱されているのが，**保護する責任**である，これは個別国家が所定の残虐行為（ジェノサイド，戦争犯罪，民族浄化，人道に対する罪）から住民を保護する一時的責任を負うが，この国家がその意思と能力を備えなければ，国際社会が住民を保護する二次的責任を負うとするものである。つまり，残虐行為が発生するような国内の政治的状況を国外から変更する国際的取り組みであるが，あくまでも関係国の同意を必要とするものである。

## （2） キプロス紛争

① 時期…1974年～現在

② 場所…キプロス島

③ 紛争当事者…ギリシャ系住民（多数派），トルコ系住民（少数派），トルコ

④ 原因…民族対立

⑤ 経過…キプロスは，5世紀からキリスト教圏，16世紀にトルコの支配下に入った。1960年にイギリスから独立したが，連邦化に伴い，強い中央政権下での連邦化を望むギリシャ系と，自治国連邦案を主張するトルコ系の住民が対立した。ギリシャ系住民が63年に優遇政策を含めた憲法を制定しようとしたことをきっかけに武力衝突が始まり，64年に国連キプロス平和維持軍が派遣されて一応収束した。65年になるとギリシャ系住民単独による選挙法が制定され，70年には同法による選挙が実施された。これに対して，トルコ系住民は67年に暫定行政府設立を行っている。74年にクーデタでギリシャ系の軍事政権が発足すると，トルコはトルコ系住民保護の名目で軍事侵攻し，北部地区を支配下に治めた。国連は首都を境に緩衝地帯を設けたが和解の兆しはなく，83年に北キプロス・トルコ共和国の独立宣言が行われた。

⑥ 結果…北にトルコ地区，南にギリシャ地区と分割された状態で現在に至っている。

## （3） 北アイルランド紛争

① 時期…1800年～現在

② 場所…北アイルランド

③ 紛争当事者…イギリス政府，アイルランド政府，アイルランド共和軍（IRA），アルスター自由軍など

④ 原因…民族対立，宗教対立

⑤ 経過…1800年にイギリスはアイルランドを併合した。1922年アイルランドは自治領として自治権を獲得したが，アイルランドの北部6州はプロテスタント系住民が多かったために，イギリスに残った。少数派であるカトリック教徒は差別されたことから分離独立運動が起こるようになった。49年，

アイルランドはイギリスから離脱し，北アイルランドはイギリスに残ったため，69年にイギリス軍が駐留を開始して以来，IRAによるテロ活動が相次いで起こった。93年，イギリスとアイルランド政府との間で共同和平宣言が出され，それを受けて94年からテロ活動の禁止をIRAは宣言するも，武装解除に応じなかったことから再びテロは行われた。97年にブレア首相とIRAの政治組織シン・フェイン党のアダムズ党首の会談が行われるなど，和平に向けた努力が行われ，98年5月にイギリスとアイルランド両政府間で和平合意がなされた。和平合意は，北アイルランドのイギリス残留が示されているが，カトリック系住民にとっても将来的にアイルランドへの帰属が見込める内容になっている。合意内容は，1）北アイルランド地方議会の新設，2）北アイルランドとアイルランド双方の行政府代表者からなる「南北評議会」の新設，などである。

⑥　結果…カトリック・プロテスタント両派市民の間で銃撃事件や衝突が発生するなど，完全な解決には至っていない，ただし，2004年にIRAが武装闘争放棄を宣言し，今後の進展が期待されている。

［アイルランドと北アイルランド］

## （4） バスク独立問題

① 時期…14 世紀～現在

② 場所…スペイン・バスク地方（フランスにも一部あり）

③ 紛争当事者…スペイン政府，バスク人，ETA（バスク祖国と自由）

④ 原因…民族対立

⑤ 経過…バスク地方は 14 世紀にスペインに併合された。フランコ政権下で弾圧されたバスク人や左派民族主義者が，1959 年に ETA を結成した。68 年から武装闘争を行った。

⑥ 結果…1979 年に正式に自治が認められたが，自治権の拡大要求もあり，和平交渉を断続的に続けているものの，合意には至っていない。

［バスク地方］

## （5） チェチェン紛争

① 時期…第一次 1994 年～ 1996 年，第二次 1999 年～ 2009 年

② 場所…チェチェン（ロシア連邦内）

③ 紛争当事者…ロシア政府，チェチェン共和国

④ 原因…イスラム教の影響が強い民族団体による独立運動

⑤ 経緯…1991 年にソ連邦が解体したことに伴い一方的に独立を宣言したが，ロシアのエリツィン大統領が独立を認めず，1994 年にはチェチェン独立派の武装勢力がゲリラ戦などの武装闘争を開始する。それに対しロシアが軍事

行動により鎮圧した。

1999年12月，再び武力衝突が起き，またモスクワでもテロ事件が発生したことで，第二次チェチェン紛争が勃発した。2000年に大統領に就任したプーチンも武力鎮圧に乗り出し，一般住民の多くも犠牲になった。

⑥　結果…2度ともロシア政府が軍隊を投入し鎮圧。2009年に制圧完了と発表。

## （6）　クリミア半島併合

①　時期…2014年

②　場所…ウクライナ南東部に位置するクリミア半島

③　紛争当事者…ウクライナ，ロシア及びウクライナの親ロシア勢力

④　原因…2013年に親ロシア派の大統領が失脚し，親EU派の大統領が誕生したことにウクライナの親ロシア勢力が反発し，それをロシアが支援したため。

⑤　経緯…クリミア自治共和国内では，武装集団が複数の空港に押し入って占拠したり，街中にまで展開する事態になった。さらに（公式には否定しているが）ロシア軍とみられる武装部隊がクリミア半島のウクライナ軍の拠点を制圧してしまった。

こうした状況下でクリミアがウクライナから独立しロシアに帰属することの是非を問う住民投票が実施され，圧倒的多数でロシアへの編入が支持された。しかし，この住民投票の結果をG7は認めず，2014年の主要国首脳会議（ソチ・サミット）をボイコットし，以降ロシアはサミットから除外されている。

⑥　結果…国際社会の多くは認めていないが，事実上ロシアがクリミア半島を併合している状態である。

# 4．アフリカ地域における紛争

## （1） ソマリア内戦

① 時期…1991年～96年

② 場所…アフリカ・ソマリア共和国

③ 紛争当事者…モハメド暫定大統領派，アイディド将軍派

④ 原因…主導権争い

⑤ 経過…1991年，アイディド派によってバーレ政権が崩壊したことにより内戦が激化，92年12月に国連安保理は内戦の終結と民衆の飢餓からの救出を目的に，米軍を中心とした国連ソマリア活動（UNOSOM）を派遣した。効果があまりなかったため，さらに，93年5月には平和執行型PKOの第二次国連ソマリア活動（UNOSOM Ⅱ）が活動を開始した。UNOSOM Ⅱは，最大の武装勢力であるアイディド派を悪としてPKO活動を行ったが，ゲリラ戦に巻き込まれたために多国籍軍は撤収を余儀なくされた。96年8月にアイディド将軍が死亡したものの，内戦は終結したとは言いがたい状況にある。

⑥ 結果…2000年8月，和解会議が開かれ，中央暫定政府が樹立しているが，抗争は継続中で全土を実効支配する統一政府は存在せず，予断は許されない。また，ソマリア内戦の影響からソマリア沖では海賊行為が多発するようになっている。

## （2） ルワンダ内戦

① 期間…1973年～94年

② 場所…中央アフリカ・ルワンダ

③ 紛争当事者…ツチ族（少数派），フツ族（多数派）

④ 原因…権力争い，民族対立

⑤ 経過…1962年に独立したルワンダでは，ツチ族がフツ族を支配してきた。73年，フツ族がクーデタで政権につくと，難民化していたツチ族は90年にルワンダ愛国戦線（RPF）を組織し，内戦となった。93年に和平協定が成立し，両部族で構成される暫定政府が成立した。しかし，94年にフツ族出

身のハビャリマナ大統領暗殺を機に内戦が再開し，RPF が首都キガリを制圧し，フツ族穏健派も加えた部族融和政権を発足させた。

1994 年にこの内戦が激化した際，当時アメリカはソマリア内戦での経験から関与に消極的であり，ヨーロッパ各国もユーゴ紛争に対応していたことで国際社会からは関心が寄せられなかった。さらに，ラジオを通じたヘイトスピーチ（人種差別煽動）が行われ，一般の人が虐殺に加わるといった事態が起こっていた。そのせいもあって 3 カ月ほどの間にツチ族と穏健派のフツ族が 80 万人以上（一説では約 100 万人）虐殺されたといわれる。

⑥　結果…2003 年，複数候補者による初の大統領選挙が実施され，現在，国内融和へ向けて努力が続けられている。

## （3）　ブルンジ内戦

①　時期…1993 年～ 2000 年

②　場所…中央アフリカ・ブルンジ

③　紛争当事者…ツチ族（少数派），フツ族（多数派）

④　原因…権力争い，民族対立

⑤　経過…1993 年 6 月に初の複数政党制による選挙が行われ，フツ族のヌダダイエが大統領になったが，10 月にクーデタ未遂事件が起こり大統領は殺害された。94 年 1 月にフツ族のヌタリャミラが大統領に就任するも，ルワンダ大統領とともに飛行機が撃墜されて他界，10 月にフツ族のヌティバントゥンガニャ大統領が選出されたが，軍部を支配するツチ族とフツ族民兵組織との間で抗争が続いた。96 年 7 月に軍部クーデタによりツチ族のピエール・ブヨヤ元大統領が実権を握った。クーデタ後，政権と反政府勢力による内戦がはじまった。

⑥　結果…2000 年 8 月のアルーシャ和平合意を経て，05 年に新憲法が採択され，議会選挙，大統領選挙も実施され，2008 年には政権と反政府勢力との間に和平合意が成立した。

### (4) ザイール政変

① 時期…1996年～2000年

② 場所…中央アフリカ・ザイール（現コンゴ民主共和国）

③ 紛争当事者…モブツ（前大統領）派，ADFL（コンゴ・ザイール解放民主勢力連合）

④ 原因…権力闘争

⑤ 経過…1960年に独立し，65年にモブツがクーデタで政権を掌握，その後独裁政権が長期間続いた。96年11月ザイールのツチ族系住民を主体とするADFLとザイール軍・旧ルワンダ政府軍の戦闘が激化した。97年5月にADFLは首都を制圧し，モブツは亡命（その後客死），ADFL議長カビラが政権を掌握した。

⑥ 結果…1999年に停戦協議が行われ，8月に停戦協定に署名したが，和平の実現は難航した。2001年1月にカビラ大統領が暗殺され，息子が後継大統領となったことで和平プロセスが進展し，02年にプレトリア包括和平合意が成立，06年に新憲法が発効した。

### (5) アンゴラ内戦

① 時期…1975年～2002年

② 場所…南西アフリカ・アンゴラ

③ 紛争当事者…MPLA（アンゴラ解放人民運動），UNITA（アンゴラ全面独立民族同盟）

④ 原因…権力闘争

⑤ 経過…1975年，ポルトガルから独立したアンゴラでは，MPLA政府とUNITAとの間で内戦が勃発した。90年にMPLA政府は複数政党制を認め，91年にはUNITAとの間で和平協定が成立した。92年に大統領選挙と国政選挙が行われたものの，選挙結果を不満とするUNITAが武装闘争を再開した。93年に和平交渉が再度行われ，94年に和平協定が結ばれた。97年4月に内戦はいったん終結し国民統合和解政府が成立したが，UNITA側は合意に従わず，内戦は継続され，98年に国連はUNITAに資金獲得手段と考えられている「紛争ダイヤ」禁輸という経済制裁を課すに至った。

⑥　結果…2002年2月UNITAのザヴィンビ議長が戦死したことで和平気運が高まり，同年4月停戦合意が成立，27年に及んだ内戦は事実上終結した。その後は，反政府勢力の武装解除・動員解除も進み，国民和解，国家再建のプロセスが進展している。

## ポイント整理

**1** 中東戦争（第一次～第四次）

イスラエル側（ユダヤ教）vs. パレスチナ側（イスラム教）

第一次世界大戦時における英国の「二枚舌」外交が原因

第四次中東戦争→石油危機の発生

オスロ合意→パレスチナ暫定自治協定の締結，ただし現状ではいまだ対立解消にはほど遠い

**2** 印パ紛争

インド（ヒンズー教中心）vs. パキスタン（イスラム教中心）によるカシミール地方をめぐる争い→双方とも核戦力を保持して互いに威嚇する状況が長期化

現状→経済交流の活性化により緊張緩和の機運が高まったが，近年は停滞

**3** 旧ユーゴスラビア内戦

ユーゴスラビア連邦を構成していた国が続々独立→主にセルビアが武力で独立を阻止しようとする→セルビア内の自治州であったコソボもセルビアから独立

**4** ルワンダ内戦

多数派のフツ族がツチ族と穏健フツ族を虐殺する事件が起こる→国際社会はほとんど介入せず大惨事になる→現在の国内情勢は比較的安定

**問題①　主にイスラエルをめぐる中東情勢に関する次の記述のうち，妥当なのはどれか。**　（国Ⅱ平14）

**1**　1917年にアメリカ合衆国の国務長官バルフォアは，アラブ人居住地であるパレスチナにユダヤ人の民族的郷土を建設することに賛意を示す内容のいわゆる「バルフォア宣言」を発した。これに基づき，第一次世界大戦後，数十万人にも上るユダヤ人がパレスチナに移住し，1945年にユダヤ人国家であるイスラエルが建国された。

**2**　1973年に第四次中東戦争が勃発すると，アラブ石油輸出国機構（OAPEC）は，イスラエルに圧力をかけるため，アメリカ合衆国やオランダへの石油輸出を禁止し，生産を削減する戦略を採った。また，これに加えて，石油輸出国機構（OPEC）が原油価格の大幅な引上げを決定したため，原油価格が急騰し，いわゆる第一次石油危機が発生した。

**3**　ヨルダンは，イスラエルと和平を結ぶことで，第三次中東戦争で失った領土の回復を目指し，1979年に平和条約を締結して，ゴラン高原を取り戻した。しかし，それがもとで，フセイン国王は和平反対派により暗殺された。

**4**　中東和平に向けて，1991年のマドリード和平会議以降，関係諸国が参加する多国間協議など様々な国際的取組が行われている。我が国は多国間協議への参画及び人的貢献は行っておらず，アラブ側関係当事国に対する経済的支援のみを行っている。

**5**　1993年に，イスラエルとパレスチナ解放機構（PLO）の相互承認が行われた。その後，パレスチナ暫定自治合意（オスロ合意）において，イスラエル軍の占領地からの段階的な撤退や将来の独立国家パレスチナの領土の範囲，エルサレムの帰属などが決められた。

**解説**

**1**　×　1917年に「バルフォア宣言」を発したのは，イギリスの外務大臣バルフォアである。また，イスラエルが建国されたのは，1948年である。

**2**　○　妥当な記述である。

**3**　×　1979年にイスラエルと平和条約を締結して，第三次中東戦争で失ったシナイ半島を取り戻した（82年）のは，エジプトである。しかし，それがもとで，エジプトのサダト大統領は，82年にイスラム原理主義者たちによって暗殺された。また，ヨルダンがイスラエルと平和条約を締約したのは1994年である。

**4** ×　我が国も，マドリード中東和平国際会議への参加，ゴラン高原のPKOへの自衛隊派遣など，人的貢献を行っている。

**5** ×　1993年8月の「オスロ合意」に基づいて，同年9月，イスラエルとPLOの相互承認を含む「パレスチナ暫定自治協定」がワシントンで調印された。オスロ合意では，ガザとエリコでのパレスチナ人による暫定的な自治を開始することで合意していたが，将来の独立国家パレスチナの領土の範囲やエルサレムの帰属などについては決められていなかった。そのための交渉を始めるということに合意していたのである。

**解答　2**

**問題②　地域紛争に関する次の記述のうち，妥当なものはどれか。**

（国Ⅱ平17）

**1** アフリカでは，これまでに数多くの紛争が勃発している。その背景として，植民地時代に国境線が恣意的に引かれたので，その内側に多くの「部族」と呼ばれる民族集団が存在することになり，部族間に融和や妥協を創出するのに困難な事情があった。その中でも1990年代初頭にツチ族とフツ族という二つの部族間の対立が悪化して深刻化したルワンダでの内戦は，虐殺や大量難民によって国際的にも深刻な懸念をもたらした。

**2** 第二次世界大戦後のインド独立時に，世俗的なパキスタンとイスラム教を国教とするインドとが分離した。その結果両国に大量の難民が発生し，さらには領土問題としてカシミール問題が生じた。1971年にはスリランカの独立をめぐって，インド＝パキスタン紛争は激しい武力衝突に至った。1998年には両国は核実験を行うことで，国際的にも深刻な問題となっている。

**3** 中東戦争とは，1948年のパレスチナ建国以来その周辺のアラブ諸国とパレスチナとの間で起きた過去4度の戦争を総称した一連の紛争である。1967年の第三次中東戦争では，6日間でパレスチナがエジプト，シリア，ヨルダンに対して圧倒的な軍事的勝利を収めたことから，六日間戦争とも呼ばれる。アラブ諸国政府への失望がこれにより深まり，その後イスラム復興主義が高まる大きな要因となった。

**4** ユーゴスラビア社会主義連邦共和国（旧ユーゴ）では，1980年に民族を超えて国民的な支持を集めてきた指導者チャウシェスク大統領が死去し，その後民族間の対立と相互不信が深まっていった。東欧で共産主義政権が崩壊した後の1991年に，旧ユーゴのコソボとマケドニアの二つの共和国が独立を宣言し，独立に反対する連邦軍との間で内戦が開始された。さらにはその後，内戦の舞台はボスニア＝ヘルツェゴビナへと移っていき，激しい戦闘が展開された。

**5**　チェチェン紛争とは，ロシア連邦の南部カフカズ地方のイスラム教を信仰する少数民族チェチェン人勢力による，ロシアからの分離独立をめぐる内戦をいう。1994年にプーチン政権はロシア軍を現地に派遣して，武力介入により独立運動を完全に鎮静化させた。その後，アメリカ合衆国に亡命したチェチェン勢力はアメリカ合衆国政府と結びつき，現在では米ロ両国政府間の深刻な外交問題に発展している。

## 解説

**1**　○　妥当な記述である。アフリカの地域紛争の主要因は，植民地時代に，国境がアフリカの各部族居住地域を無視して引かれ，かつ部族間を差別的に扱う「分割統治」が行われたためである。このようなことが積み重なり，やがてルワンダ内戦にも見られたような部族間の激しい対立を惹起することになった。

**2**　×　第二次大戦後，英領インドが独立した際，イスラム教を信仰している人々が多い地域がパキスタンとなり，ヒンズー教を信仰している人々が多い地域がインドとなった。またインドとパキスタン間の紛争を悪化させたものとしては，両国の国境付近の地域であるカシミールをめぐる争いとバングラディシュの独立をめぐる争いである。

**3**　×　中東戦争勃発の契機は，パレスチナ地域に成立した「イスラエル」建国である。また，第三次中東戦争ではイスラエルがエジプト，シリアなどのアラブ諸国に対して先制攻撃をしかけ，圧勝した（これを6日間戦争という）。

**4**　×　ユーゴスラビア社会主義連邦共和国において，長期にわたり民族間の支持を集めてきた指導者はティトーである（肢にあるチャウシェスクはルーマニアの指導者であり，1989年のルーマニア革命期に銃殺された）。

**5**　×　チェチェン共和国はロシア連邦を構成する国であり，北部カフカス地方に位置する。チェチェンの独立運動はソ連邦崩壊後に活発化するが，ロシア連邦に独立を拒否されたため，紛争やテロを引き起こすことになった。

**解答　1**

# 第7章

## 国際関係の理論

ここでは国際関係の理論を学びます。国際関係の理論は，さまざまな思想的立場や研究手法が導入されていて，きわめて論争的な分野です。公務員試験の対策としては，理論を唱えた各学者がどのような立場にたつ人であるのかを確認しつつ，ここの理論との組み合わせや説明の仕方を学んでください。

重要度
★★☆

# 1 リアリズムとリベラリズム

リアリズムとリベラリズムは国際関係理論の二大潮流として知られており，双方の立場から激しい論争が繰り広げられました。学習する皆さんは，両学派の研究者の世界観を学んでから各学説の細部を学んでいくとよいでしょう。

## 1．国際関係理論前史　～現実主義と理想主義　二つの潮流～

第１章で述べたように，**現代国際関係学は理想主義的，平和主義的学問として誕生**した。実際，1920 年代～ 30 年代前半の国際関係学は，専ら人間の道徳的諸価値を創造し，かつ調整するための**「国際法」**や**「国際機関」を研究対象**としていた。

当時は，ヴェルサイユ体制下において，政治，経済の相対的安定が見られた時代であり，それゆえ学問の世界でも「人間に対する進歩への信頼」，つまり「人間は教育によって道徳的存在へと成長することができるという信念」が強まっていた時代であった。このことが，当時の国際関係学を「いかにして平和を作り出すのか」という課題に専心させたともいえるのである。

しかし，1929 年に始まった世界大恐慌は，諸国の国内政治経済を破滅的な状況に陥らせ，外交においても，利害対立を先鋭化させてしまった。この結果，理想主義の基盤であった「人間の道徳的な進歩」は，幻想にすぎなかったのではないか，と疑われるに至った。そのような雰囲気の中で，英国の外交史家である **E.H. カー**は**『危機の二十年』**と題する本を著し，第一次世界大戦終了後の国際状況を分析すると同時に，**理想主義と現実主義のバランスの必要性**を唱えた。現実主義とは，国際関係を権力闘争の場であるとして，冷徹に観察しようとする立場のことであり，理想主義全盛の時代には欠けていた視点であった。カーは「健全な政治理論は，現実と理想の両方に立脚していなければならない」とし，理想主義が，ときに現実に起きている権力現象に見て見ぬ振りをしてしまい，結果として権力者の利益を隠蔽するペテンになりかねないことと，現実主義が，ときに剥き出しの権力闘争を助長してしまうかもしれないことを指摘して，現実主義に立脚した理想主義的な学問の取り組みの重要性を指摘したのであった。

このカーの指摘や努力に見られるように，1930 年代になると，国際関係学における理想主義と現実主義の調和を目指すような研究上の試みも見られるようになった。しかし，その後の実際の国際関係においては，第二次世界大戦が勃発し，さらに大戦が終了した直後に冷戦の時代に突入してしまうなど，理想主義的な基盤が回復するという見通しは，もはや立たなくなっていた。そのため，現実主義をより積極的に肯定する学問的立場が強くなり，結果，**国際関係学の主流は現実主義へとシフトすることになった。H.J. モーゲンソーの一連の研究**（後述）は，**その代表格**である。一方，**理想主義**（**自由主義**とも呼ばれる）的立場に立つ「国際統合論」と呼ばれる一連の研究も登場し，**主流学派である現実主義に対抗**するようになった。以降，現実主義，理想主義の両学派は，国際関係学における二大潮流として今日に至っている。そして両者の対立は，現在においても根本的に解消されてはいない。



## 2．リアリズム

### （1） リアリズムとは

［リアリズム］

**リアリズム（現実主義）**とは「**パワーによって国際政治の現象は決定される**」という視点を持った学問的立場や考え方のことである。この考え方は，国際社会にはさまざまな紛争（もめごと）が存在するということを前提にしており，これらの紛争を解決して国際社会の秩序を回復するために，政治的・経済的・軍事的な「パワー」を利用するという発想につながっていく。

### （2） パワー・ポリティクス

**パワー・ポリティクス**は，**権力政治**とも訳される，H.J. モーゲンソーの「**国際政治の本質は権力闘争である**」との定義に代表される考え方である。彼は，「**国家にとって安全保障が最も核心的な国益である**」と考えた。そして，政治的リアリズムを「国益・パワー・合理性・勢力均衡」の四つの概念からなる一つの理念型として示した。**国益**は，国家にとって最重要な利益であり，普遍的なものである。普遍的な国益は，パワーの基盤となる。**パワー**は，軍事力のみならず，地理，天然資源や工業力，人口，国民性，外交，政府の質をも包括する概念である。**合理性**は，国家が国家間闘争の中で国家政策の選択に際して，費用対効果に基づく合理的選択を行っていると考えられていることによるものである。**勢力均衡**は，闘争を展開する国家間のパワーが均衡することによって初めて政治的安定が確保できるという考え方である。

ゆえにモーゲンソーは，「**力として定義された国益**」を中心に考えていない政策に痛烈な批判を加えている。たとえば，彼はアメリカのヴェトナム介入に批判を加えたが，その理由はヴェトナム介入が「イデオロギー」重視の対外政策であり，国家にとっての最重要な利益である「国益」をないがしろにしていると考えたからである。

**●「なぜ国家は『勢力的』『権力的』に行動するのか」**

現実主義理論の代表的研究者の一人であるH.J. モーゲンソーは，その答えを「人間の権力欲」に求めている。そして，国家の対外活動は，基本的に「その国の持つ力＝『国力』をめぐって争われる闘いである」と考えている。

国家にとって，国力を保全し増進させることは利益であり，これを「国益」と呼ぶ。そして，国益のなかで特に重要なのは，国家の安全保障である。現実主義理論は，力の支配する国際社会において，国家の安全を保障するには「勢力均衡外交」が最も適切であると考えている。つまり，外交などによって慎重に力のバランスを保つようにすれば，国家は安全であるということである。モーゲンソーは，現実的な判断の上にこそ，平和は成立すると述べている。

●現実主義と米ソ冷戦

1940年代後半から50年代にかけて，冷戦の激化を背景に，アメリカでは多くの現実主義理論が提唱された。モーゲンソーの他に，ソ連に対する「封じ込め」政策を提唱したG.ケナン，後に国務長官になるH.キッシンジャーらがいた。彼らは，研究だけではなく，自らも外交の実務に関わっていた。

## （3） 二極化と多極化

二極化と多極化は，国際関係の変遷を示す言葉として用いられる。

**二極化**は，1917年のロシア革命により社会主義政権のソ連が誕生し，自由主義を標榜するアメリカとの間でイデオロギー対立が始まったことに起因する。その後，アメリカを中心とした北大西洋条約機構（NATO）と，ソ連を中心としたワルシャワ条約機構という二つに分かれた同盟関係が成立することで，この対立構造が形成されることになる。いわゆる冷戦構造は，まさに二極化の構造であったということができる。

しかし，アメリカ・ソ連以外の国家の台頭や同盟の中での分裂によって，二極化は緩み始めることになる。この結果として起こったのが**多極化**である。時期としては，1950年代後半から60年代にかけて発生した。この動きをもたらしたのは，アジアやアフリカで多くの新興国家が現れたこと，日本・ドイツの台頭，中国・ソ連の対立やフランスのアメリカ離れ，といった，さまざまな出来事である。

二極化・多極化以外に，多中心主義という言葉がある。これは，政治や経済，文化など，問題点ごとに影響力をもつ中心国家が異なる，という意味である。

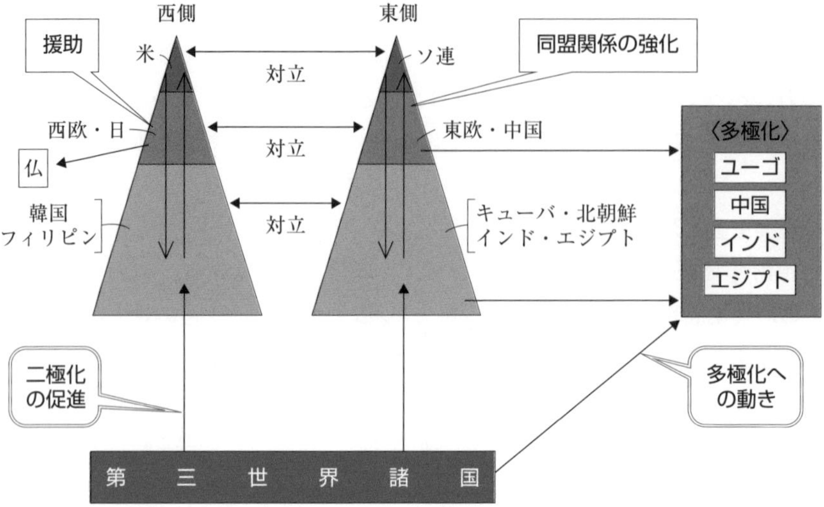


［二極化と多極化］

## （4） ネオ・リアリズム

モーゲンソーらの初期のリアリズム（古典的リアリズム）は，国際政治とは，軍事力を中心とする国益をめぐる権力闘争であるとし，政治の動態を権力者の人間性や国益を追求する国家に求めていた。しかし，リベラリズムの立場に立つ「相互依存論」（リベラリズムの項で後述）による「国家中心主義批判」が1970年代後半に登場してきたこともあり，リアリズムの系列に属する研究者たちによって，その再反論が試みられるようになった。それがネオ・リアリズムと呼ばれる理論群である。代表的な論者には，勢力均衡論のK. ウォルツ，覇権安定論のR. ギルピンがあげられる。

### ① 勢力均衡論

K. ウォルツは，著作『国際政治の理論』の中で，1）「国際システムはアナーキーであるので，国家（の構成員である人々）は生命に対する恐怖を感じている存在である」と前提し，その上で，2）仮に各国家の国力（軍事力や経済力）に変化が生まれると，国際システム全体の力の分布が変わり，3）続いて各国家は生き残るために，やむを得ず同盟の組み直しなどを行って，「玉突き」のように国際システム全体の変化が現れ，4）最後には，国際システムは自動的に勢力均衡になると考えた。ゆえに，国家が権力欲に基づいて能動的に行動しているというよりも，国際関係全域の力の分布を気にしながら行動すると主張した（**構造的リアリズム**[1]）。また，より安定的な勢力均衡状態は，互いの行動を予測しやすいという観点から多極構造よりも二極構造であるとした。

## ●勢力均衡

**勢力均衡**は，**バランス・オブ・パワー**とも訳される。これは，独力もしくは他国との間で同盟関係を結んでおくことで，対立する共通の仮想敵に対して自国あるいは同盟の安全を確保しようとするものである。言い換えれば，**国家間の均衡が保たれることで政治的な安定が確保できるとする考え方**である。勢力均衡論の考えは古く，現実政治においては，ウェストファリア体制のころには為政者たちの共通の認識的枠組みとなっていた。古典的リアリストたち（H. キッシンジャーなど）にとってもそれは同様であったが，システム志向のある理論（ネオ・リアリズム）と結びつけたのは，K. ウォルツである。

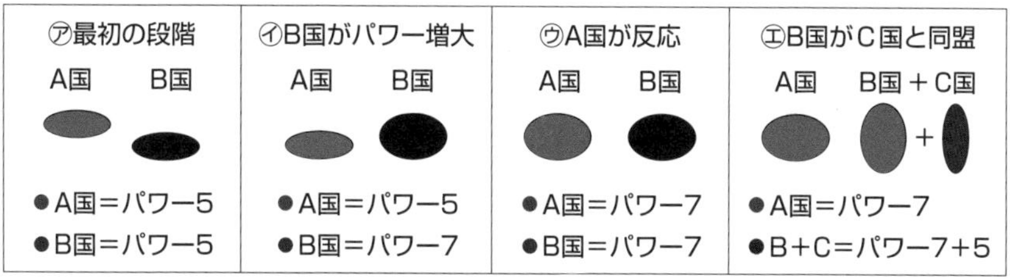


［勢力均衡論とその拡大パターンの一例］

対立するA国とB国がある（㋐）。B国がA国より大きいパワーを持ったとすると（㋑），A国はそれに追いつき追い越そうとして，当初のバランスを保とうとするし（㋒），場合によってはB国よりも大きなパワーを持とうとする。

1）ウォルツは，国際関係の動態の原因を，人間の本性に求めたり（第一イメージ論），国内の政治・経済に要因を求めたり（第二イメージ論）する従来の研究方法を批判して，国際システムそれ自体の構造特性に求める（第三イメージ論）べきだと主張した。

B国はA国よりも優位に立つためにさらにパワーを蓄えるか，A国と対立するC国と同盟を結ぶことでA国との関係を優位にしておこうとする（㊁）。

### ② 覇権安定論

1960年代後半から70年代にかけて，さまざまな世界情勢の変化があった。たとえば，基軸通貨であったドルの金兌換停止（**ニクソン・ショック**），1973年の石油危機，さらにはヴェトナム戦争におけるアメリカの敗北など，混乱・事件が相次いだのである。そして，これらの現象は，「アメリカが『しっかり』しているときには安定していた国際関係が，アメリカが『衰退した』ことで不安定になった」という新しい世界観をもたらすこととなった。そして，このアメリカの持つ圧倒的なパワー「**覇権（ヘゲモニー）**」に注目した理論的立場が，1970年代後半から，盛んに主張されるようになった。

これが**覇権安定論**と呼ばれるもので，「**巨大な力をもった覇権国（ヘゲモン）が存在していれば，世界経済は安定する**」という考え方である。ここでいう巨大な力とは，軍事力，政治力，経済力，資源などの支配権などを指す。この考え方によれば，覇権国が強大な力を保持しているとき国際システムは安定し，逆に覇権国の力が衰えるとともに不安定になる。本論の代表的な理論家は，**R. ギルピン**である。

覇権安定論において，国際関係の構造は「**覇権国・大国・準周辺国・周辺国**」からなる。覇権国は，圧倒的な軍事力や経済力を有し，国際的秩序維持のためにコストを負担する国家である。大国は，安定している国際秩序の下では自国のためにパワーを用い，コスト負担はほとんど行わないフリー・ライダー（ただ乗り）の国家である。準周辺国は，周辺国よりはパワーを持っている国家，周辺国は発展途上国のような国家である。大国は，チャンスがあれば挑戦国となって覇権国に挑戦するという覇権戦争を起こし，これに勝利した後には自らの手で新しい秩序を形成していくことになる。

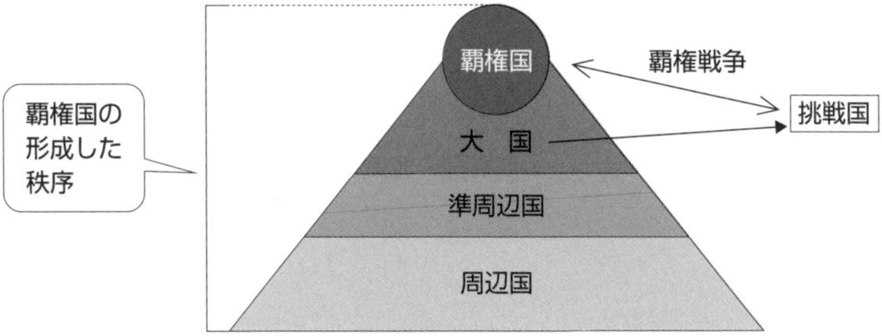


［覇権安定論］



### ●「なぜ世界は覇権国を必要とするのか」

覇権安定論の代表的な理論家であるR.ギルピンは，自由貿易体制や国際平和を「国際公共財」と考える。これは，どの国でもその利益を享受できるためである。しかし，こうした国際公共財は膨大なコストを必要とするため，自発的に提供されることは少ない。たとえば，世界平和という国際公共財を提供するためには，世界中の戦争をやめさせるだけの軍事力・経済力が必要となるためである。だから，覇権国でないと，国際公共財を提供する役が務まらないのである。こうして考えてみると，人類が享受する利益を生み出すためには，覇権国が必要ということになるのである。

### ③　覇権循環論

**覇権循環論**は，覇権の循環に着目し，そのメカニズムを探ろうとしたものである。具体的には，パワーの配分の変化から長期的な国際システムの変化を説明するものである。

**G. モデルスキー**は，1500年ごろからの国際システムが「世界大国」の覇権によって支えられてきたと考えた。「世界大国」とは，自らの負担において国際秩序を維持できる大国で，近代国際社会に特有なものである。この500年ほどの間に世界大国となって覇権を握ったのは，ポルトガル，オランダ，イギリス，アメリカだけである。モデルスキーによれば，これらの世界大国は約100～120年周期で交代する宿命にある。また，覇権の循環の最終局面では「世界戦争」が発生すると指摘している。なお，覇権の継承者は，覇権国に対する挑戦国ではなく，覇権国を支援した国から登場することが多いとされている。

〈覇権国の変遷〉

| 世紀 | 覇権国 | 挑戦国 |
|---|---|---|
| 16 世紀 | ポルトガル | スペイン |
| 17 世紀 | オランダ | フランス |
| 18 世紀 | イギリス | フランス |
| 19 世紀 | イギリス | ドイツ |
| 20 世紀 | アメリカ | ソ　連 |

### ●長期循環論

**長期循環論**とは，戦争が繰り返し起きたことや世界の景気循環を，長期的な視点から明らかにしようとしたものである。軍事的な視点では，トインビーが 15 世紀の西欧における 1 世紀単位でのサイクルを示したものがある。そのサイクルとは，「大戦争→休息期→補足戦争→泰平→大戦争」であるという。また経済的な視点からは，**コンドラチェフの波**（約 50 ～ 60 年周期）が取りあげられる。この両面から G. モデルスキーは 1970 年代後半に議論を展開した。

**モデルスキー**によれば，「世界大戦」の後に「世界大国の登場」があり，世界大国は自国に有利なルールを設定するが，他国からは反発を招き（「非正当化」），反発する国の中で，世界大国から離れて（「分散化」），あるいは既存のルールを打ち破ろうとする国が現れると，世界大国に対する挑戦として「世界戦争」を始めるという。そして，基礎資源の量に基づいたコンドラチェフの波は約 60 年で一つのサイクルを形成し，軍事のサイクルは約 120 年で一つのサイクルを形成する。このため，**「世界戦争→世界大国の登場→非正当化→分散化」**という四つの局面が一巡するたびに，経済のサイクルは二度回転していることになる。

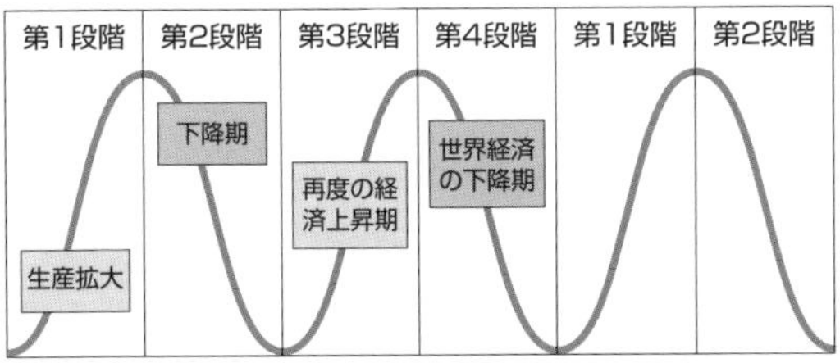


［コンドラチェフの波に基づく世界資本主義のサイクル］



〈世界資本主義のサイクルと覇権国のサイクル〉

| 段階 | 世界資本主義 | 覇権国 |
|---|---|---|
| 第1段階 | 世界経済の上昇期<br>各層で生産活動は拡大する。原材料に対する需要が大きいことから，「周辺」でより高い経済成長が達成される。 | 国力の強大化に成功した国が潜在的覇権国として登場する。 |
| 第2段階 | 世界経済が上昇期から下降期へ<br>「周辺」から経済は停滞し始め，「中心」でも失業率は高まり，富の分配をめぐる闘争が行われる。結果として「中心」では所得の再分配が行われ，次第に経済は回復していく。影響は「周辺」に伝わる。 | 世界経済における競争が展開され，勝利した国が新しい覇権国となる。 |
| 第3段階 | 世界経済再度の上昇期<br>交易条件は世界経済の「中心」にとって有利となり，「中心」の成長の方が「周辺」より高くなる。 | 新しい覇権国の下で再度の経済上昇期。覇権国の力がある限り，経済は上昇期にある。 |
| 第4段階 | 世界経済再度の下降期<br>「中心」で供給過剰の状態が起こることで他へ影響が及び，経済状態は下向きとなる。 | 覇権国の力が衰退し，世界経済もまた再度の下降期に入る。 |

### （5） 文明の衝突論

**文明の衝突論**とは，**S. ハンティントン**がその著**『文明の衝突』**で述べた「**ポスト冷戦期においては，イデオロギーの対立に代わり，文明の対立が紛争の主な原因になる**」という考え方であり，文明論的リアリズムとでも呼ぶべき立場である。彼によれば，主な文明は「西洋，スラブ正教，イスラム，日本，儒教，ヒンズー，ラテン・アメリカ，アフリカ」の八つがあり，しかも，異質文明同士は互いに理解し合うことは難しく，ゆえに，できるだけ交流しない方が，平和を達成しやすくなるという。

## 3. リベラリズム

### （1） リベラリズム

［リベラリズム］

**リベラリズム（自由主義）**は，「国家中心主義からの自由」「軍事中心主義からの自由」に立脚する研究上の立場の総称であり，その考えの基本には，「人間は道徳的に成長していくことができる」という「**理想主義（アイデアリズム）**」の系譜を受け継いだ楽観的な世界観がある。ゆえに，このリベラリズムの基礎には，恒久平和を築くことを主張した**I. カント『永遠平和のために』**や，第一次世界大戦後に具体化した国際連盟の実質的な提唱者であるアメリカの**ウィルソン大統領**の構想などがある。

また，この世界観を基にした具体的な研究プログラムの大多数（国際統合論，国際的相互依存論，国際レジーム論などの一連の研究。詳細は後述）は，上記の世界観を「国際機構を構築し，国家間の友好や協調を形にして，国際機構の機能強化を図ることによって平和を実現する方法の模索」という形に昇華している。このため，リベラリズムのことを「**制度主義**」と呼ぶこともある。

## （2）　国際統合論

**国際統合論**は，自由主義のうち，1950年代から60年代にかけて提唱された，「国家間の結びつきを強化する方法」を研究したものである。言い換えれば，主権国家の統合をいかにして達成するか，ということについての理論であるといえる。古くは，D. ミトラニーの機能主義，その内容を批判的に受け継いだE. ハースの新機能主義，そして，脱国家的行為体も含んだ統合を提示したK. ドイッチュの交流主義がある。

### ①　機能主義

**機能主義**とは，「**国益の絡む政治的なことと，政治的なものほどには国益が絡まない非政治的なことの区別は可能である**」と考え，**非政治的（機能的）なものを通じて，国際協力を推進し，平和を構築**しようと考える一連の研究のことである。この立場に依れば，「政治的なこと」とは，特に軍事や外交が該当し，「非政治的なこと」とは，技術的・経済的なことが該当する，という。またこの理論によれば，政治的な領域での協力ができなくても，非政治的な領域における関係を発展させていくことで，国家間の協力を制度化していき，国際平和の基礎を確立することができるとされる。

ただし，機能主義は「**国家主権を制約しての超国家的組織の創造は非現実的である**」という立場をとる（この理論は，19世紀後半に国際電信連合などの技術的な国際機関が設置され，協力が進展したという事実を高く評価して，発展したためである）。そのため，機能主義の代表的な理論家である**D. ミトラニー**は，軍事的な安全保障に加えて，社会的安全保障が求められているとして，諸国民のニーズに対応した，経済・社会的国際的協力のための機能別機関設置を提唱し，この提唱は1944年のダンバートン・オークス会議の中で**国連の専門機関**という形で実現することになった。

### ②　新機能主義

**新機能主義**は，日米や欧米の間で起こった経済摩擦が政治問題化したように，政治と非政治の二分法が通用しなくなっていることから，1950 年代末にE. ハースらが機能主義を批判したことによって，成立したものである。

新機能主義の立場は，「**非政治的な領域において協力関係を積み上げていくことで，より広範な平和を築いていこうとする活動が，隣接領域へと波及していくことになり，それは政治的な領域にも波及していく**」という考え方である。ちなみに，「**ある非政治的領域での協力関係が始まると次第に隣接領域に波及していく**」とする考え方は，「**スピル・オーバー仮説**」という。

また，新機能主義は，将来的に制度としての超国家機構の設立を目標としていることから，「**国家主権の制約は可能である**」とする立場をとる。

1950 年に成立した ECSC（欧州石炭鉄鋼共同体）は，非論争的な領域における国家間協力が超国家機構として成立した例である。ただし，ハースの「波及効果が及ぶプロセスは，自動的に展開する」という主張は，1960 年代に起こった「ド・ゴールの抵抗[2)]」による機能不全により，必ずしも自動的に進まないことが示されることとなった。

### ③　交流主義

**交流主義**は，1950 年代に K. ドイッチュらが唱えたもので，「**ヒト・モノ・カネ・情報の国境を越えた相互交流が活発になると，相互の信頼関係や友好的態度が育成されてくる。こうして暴力的な解決方法が放棄され，平和的な解決がとられる安全保障共同体が設立される**」とする考え方である。

ドイッチュによれば，安全保障共同体は多元型と合成型に分けられる。多元型は，国家間での暴力行使が放棄された不戦共同体であるが，個々の政府とその主権は維持される。一方の合成型は，複数の独立国家が集まり一つの超国家的な共同体を創設するものである。

2）1966年NATO軍事機構からの脱退や，1963年と1967年にイギリスのEEC加盟に対する拒絶などに，ド･ゴール仏大統領の独自外交が見てとれる。

### ●トランス・ナショナルな関係（国家横断的な関係）

「トランス・ナショナルな関係」とは，一言でいえば「さまざまな領域において国境を越えた交流」であるといえる。1960 年代以降，世界経済のボーダーレス化が進んだことにより，国境を越えたヒト・モノ・カネ・情報の移動が進み，その上，地方自治体や多国籍企業，NGO，国際機構の役割が増大，国境を越えた交流が盛んになっていく。これにより，国家主権の役割は相対的に低下した。国家は一見すると堅い一枚岩であるように見えるが，実際には組織的にも領域的にも複雑に絡み合った状態になっているといえる。

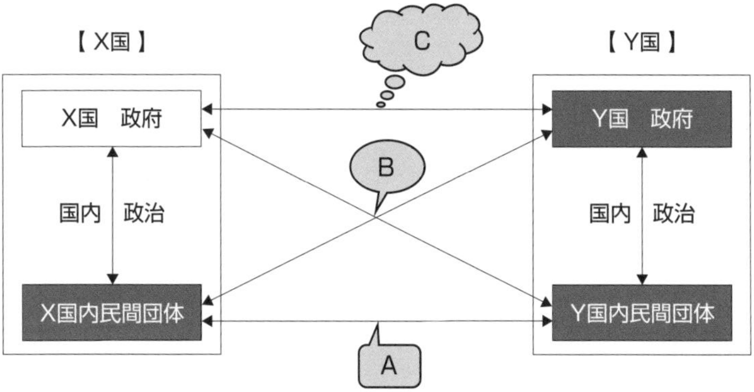


注：A…民間相互関係　B…民間と他国政府との関係　C…伝統的な政府間外交

［トランス・ナショナルな関係］

## （3）　国際的相互依存論（複合的相互依存論）

**国際的相互依存論**（複合的相互依存論）は，1970 年代に登場した，現実の国際政治経済を分析するために考え出された理論である。その考え方は，「**ある国の政策や行動が他の国の利益について何らかの影響を与える**」現代は，「**国家・社会間交流の増大の結果，各国相互の連動性が強化された状態になっている**」というものである。このような考え方が登場してきた背景には，「経済のボーダーレス化」や「社会問題のグローバル化」があげられる。こうしたことが進むと，互いに国内向けの政策であっても，相手は無視できなくなり，相互に影響を及ぼし合うことが増えてくることにより，相互依存関係が進むことになる。

国際的相互依存論の示唆するところは，国家間の経済・社会交流を深め，相互依存関係を深化させ，少しでも複合的相互依存に近づけるならば，国家間の対立解消のために軍事力が行使される確率は低くなるということである。

R. コヘインと J. ナイは，国際的相互依存論において，「**敏感性**」と「**脆弱性**」という二つの概念を提示した。「敏感性」は，国家間の関係を規定する枠組みに影響がない状況のもとで，一方の国家の政策や状況が変化した場合に，他方の国家や社会に及ぼす変化のことである。そして，「脆弱性」は，一方の国家の政策や状況が変化した場合に他方の国家や社会が受ける影響を指す。

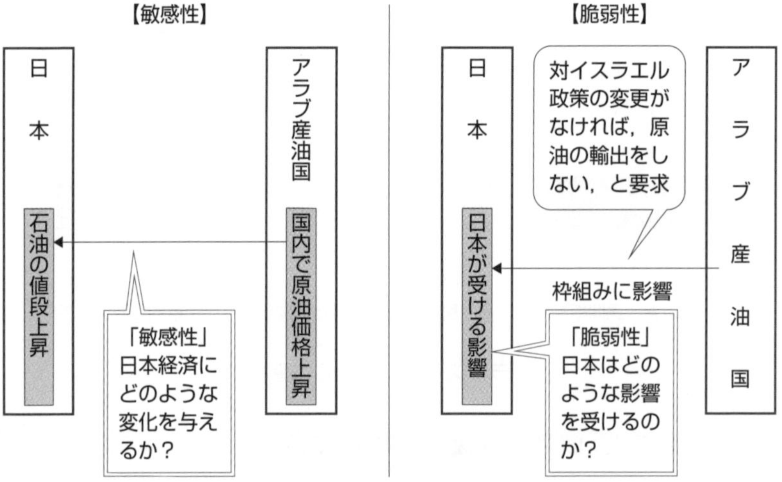


[敏感性と脆弱性]

たとえば，次のような例を考えてみよう。もし，アラブ産油国が原油価格を値上げした場合，日本でも石油の価格はすぐに上昇してしまうであろう。また，ニューヨークで株価が下落すれば，東京市場でも下落する可能性が高い。この反応の早さのことを「敏感性」と呼ぶのである。またアラブ産油国が，日本に原油を輸出しないとなったら，どうなるかを考えてみよう。当然，石油価格は「敏感に」上昇するが，それだけではなく，日本の日常生活そのものが支障をきたすこととなってしまうだろう。この弱さのことを「脆弱性」と呼ぶのである。

さて，上の例でも明らかなように，現代は，「相互依存が，従来の軍事力だけでなく，経済問題や環境問題などさまざまな要素において関係する時代」でもあり，ゆえに国益は不明確化し，外交は複雑となったといえよう。そこで，R. コヘインと J. ナイは，従来のリアリズムが主張するような単一の要素（軍事力）だけでなく，複数の要素（軍事力・経済力その他）からなり，かつそれにともない，アクターも主権国家だけでなく，他のアクター（多国籍企業・NGO・国際機関など）も重要性を持つという複雑な相互依存現象をとらえて，特に**複合的相互依存**と呼んだ。そして，それを整理すると次の三つの特徴に分類できる。

第一に，「**国際社会のアクターは，主権国家以外の脱国家主体も含まれる**」ということである。言い換えれば，国際関係のアクターが多様化している，ということである。これは，相互依存状態は政府間だけではなく，非政府間関係や国際機構とのつながりをも含んでいるためである。リアリズムが，基本的には主権国家のみをアクターとして捉えていたことを想起されたい。

第二に，「**国際関係の争点は，軍事だけではなく多様な問題から成立しており，そこに重要度の差は存在しない**」ということである。これは，国際関係の争点が，軍事や安全保障だけではなく，経済問題や社会問題などの多種多様な問題から成り立つようになったために，対外政策における優先順位は存在しなくなったということである。リアリズムが，軍事や安全保障を第一義として考えることを想起されたい。

第三に，「**軍事力の果たす役割が相対的に低下している**」ということである。複合的相互依存関係が存在する国同士では，問題の解決手段として，直ちに武力が行使されることは少ない。その理由としては，相手国だけではなく，自国にも深刻な影響を与える可能性が高いということがあげられる。このように，軍事力以外にも紛争を処理する手段があることから，問題解決における手段としての軍事力が優先順位の第１位ではなくなってきたといえる。

〈リアリズムと相互依存論の比較〉

| | リアリズム | 相互依存論 |
|---|---|---|
| **アクター** | 国際関係の主体は国家 | 国際関係の主体が多様化 |
| **対外政策** | 軍事・安全保障優先 | 優先順位はない |
| **軍事力** | 有効 | 有効性に限界あり |
| **まとめ** | 世界は「力」で動く | 世界は「協調」の時代になっている |

## （4） 国際レジーム論

国際レジーム論は，国際体制論とも呼ばれる。レジームとは，「**相互依存の関係を管理する枠組みあるいはルールのこと**」である。定義的に言えば，特定の問題領域において，アクターの期待が取りまとめられた「**原則・規範・規則・政策決定手続きの総体**」である。より具体的にいえば，通商や通貨といった特定の問題領域に関して，各国政府が目的・行動ルール・紛争処理の方法などについて合意した上で，国際的な制度を創設・維持することである。この制度を維持するためには，覇権安定論のように覇権国があればよいというものではなく[3]，制度に加入している皆の努力が必要である。そして，それゆえに，覇権国が衰退しても制度そのものは維持されることになる。

国際レジーム論は，1970 年代半ばから始まり，1980 年代になって，**S.クラズナー，E.ハース，O.R.ヤング，R.コヘイン**らによって発展された理論であり，具体的には，IMF・GATT 体制や，世界貿易機関による自由貿易体制といったものがあげられる。これが登場した背景には，70 年代以降に見られたアメリカの覇権衰退があり，領域別に多国間の合意を前提とする国際レジー

3）覇権安定論の立場からレジームを考えてみると，覇権国のパワーが低下していけば，レジームは不安定化して崩壊することになる。

ムに，その決定の舞台が移っていったことがあげられる。

### (5) グローバル・ガバナンス論

国際社会は，世界政府や世界連邦といった超国家的な組織ではない。レジームの形成・維持の経験を活かしつつ，国家間による利害調整の枠組みを構築することによって，国際社会の管理調整を進めるという展望がある。**グローバル・ガバナンス論**はこうした試みであり，現代の変動しつつある国際秩序の中で，市民・NGO・多国籍企業・国際機構などの多様なアクターが，対立・相違する利益や意見を調整しつつ組織化し，人類共通の問題に取り組んでいる過程や制度などに着目するものである。

グローバル・ガバナンス論の代表的な理論家には，**J.N. ローズノウ**がいる。彼らは，支配の統治ではない，しかも自治の貫徹でもない，新しい合意の統治協力として「ガバナンス」の意味するところを，国家間における「調整管理」と位置づけ，超国家組織を必要としない「協調」，つまり「政府なき統治」によって国際社会の秩序を安定させる構想を定式化した。

### (6) デモクラティック・ピース論

デモクラティック・ピース論とは，「**民主主義が確立された国家同士では，他の体制を採用する国家同士の場合と比較して，戦争は起こりにくい**」とする理論で，**B.M. ラセット**が代表的な学者である。その理由としては，民主主義国は政策決定が議会などによって行われるが，その決定過程が他国からも見えることで相対的に透明性が高く理解もしやすいうえ，次の行動を予測することが可能であるためである。また，お互いの行動が予測できるために，紛争を回避しやすく，仮に発生した場合でも，さまざまなチャンネルを通じて相互関係が構築されていることから，解決に向けての交渉が行いやすいと考えられるためである。

## 4．ゲーム理論の適用

### （1） ゲーム理論（theory of games）とは

**ゲーム理論**は，高度に数学的な理論モデルであり，ミクロ経済学の派生と考えてもよい。国際関係論の中にこの数理的アプローチを持ちこむと，リアリズムとリベラリズムを同じ数学的土俵で比較・分析していくことが可能となる。

ゲーム理論は，複数の行為者がとる行動が組み合わさったときにいかなる結果が出てくるか，また，行為者はその出てきた社会状態に対してなるべく自己に都合のよい社会状態とするよう行動するといったものを扱う。有名なものは以下に掲げる**囚人のジレンマ**と**ゼロ・サム・ゲーム**，**非ゼロ・サム・ゲーム**であろう。また一度限りのゲームに対して，何度も繰り返すモデルはスーパー・ゲームという。

#### ① 囚人のジレンマ（Prisoner's dilemma）

**囚人のジレンマ**は1950年代にA.W.タッカーによって発見されたゲーム論で，行為者が個々に合理的に行動した場合でも，社会全体としては最適な結果が得られずに，最終的には全行為者が損をする場合があるというものである。

囚人のジレンマは，次のように説明される。

共犯であるAとBがいて，互いに相手への連絡手段はなく，自分たちがした犯罪について各々が独自に自白するか黙秘し続けるかを選択できるとする。両者が黙秘すれば懲役2年，両者が自白すれば懲役8年に服し，一方が自白しもう一方が黙秘すれば自白した方が懲役1年，自白しなかった方が10年とする。

このような状態になった場合，両方が自白しなければ2年で済むが，それ以外では相手がどのような選択をしようとしても自白した方が有利である。このため，結果的には両方が自白してしまうというものである。したがって「両方が合理的な判断をしたにも関わらず両方が損をするという状態が発生する」のである。

これを国際関係の場では，たとえば軍拡競争や国際経済に当てはめて考えるのである。

| | | 囚人A | |
|---|---|---|---|
| | 行動 | 黙　秘 | 自　白 |
| 囚人B | 黙秘 | 2年<br>2年 | 1年<br>10年 |
| | 自白 | 10年<br>1年 | 8年<br>8年 |

注：左下は囚人Bの懲役，右上は囚人Aの懲役期間を示す。

[囚人のジレンマ]



### ②　ゼロ・サム・ゲーム（zero-sum-game）

それぞれの社会状態において「行為者の利得の和が一定」であれば，**ゼロ・サム・ゲーム**（の状態）と呼ばれる。仮に「利得の和が社会状態によって異なる場合」には，非ゼロ・サム・ゲーム（non-zero-sum-game）となる。

ゼロ・サムとは足してゼロになる状態であるから，行為者の一方がプラスであればもう一方はマイナスということになる。たとえば，国境を挟んで土地の取り合いをしていた場合に，A国の領土をB国が100㎞$^2$獲得したならば，A国から見ればマイナス100㎞$^2$となる。両方の面積を足すと0（ゼロ）となるので，ゼロ・サムの状態といえる。

非ゼロ・サム・ゲームの場合は，一方が損をしたからといってもう一方が得をしているとは限らないということであり，両方が得することも当然あり得る。たとえば，軍拡競争の場合であるが，A国が100発の核弾頭を持っていてB国に脅威を与えているとする。B国は自国も核弾頭を100発持ってA国とのバランスをとろうとする。A国がB国の軍拡をみてさらに弾頭数を増やすとすると，経済的にみた場合には両方とも軍事予算を大きく使うこととなりマイナスである。マイナスとマイナスを足してもプラスとはならないので，非ゼロ・サムの状態ということになる。

### ③　チキン・ゲーム（game of chicken）

**チキン・ゲーム**は，抑止理論として取り上げられるゲーム理論である。行為者が勝利するためには非合理なほどの意志を持たねばならないとし，両者がひかなければ双方が破局を迎える可能性があるとするものである。逃げた方が弱虫[4)]のレッテルを貼られることになるためこのような名称がある。

チキン・ゲームは，たとえば行為者ＡとＢによって行われる車での正面からのぶつかり合いという状況を考える。この場合，行為者の選択肢は直進するか回避するかの二つしかない。双方が直進すれば衝突して命を失う最悪の結果である。どちらか一方が回避すれば，回避した方は面目を失い最悪の次に悪い結果となり，回避しなかった行為者にとっては最良の結果となる。双方が回避すれば命は助かり次善の結果となる。

表の網掛け部分の状態となった場合，相手が選択肢を変えない限りは安定しているといえる。しかし自分を有利にするためには直進の選択肢をとらざるをえず，双方が直進すれば最悪の結果となる。国際政治では，いかにして双方が回避するかという研究が行われている。双方が回避することを約束しておき，相手が裏切った場合には自分も裏切ることを予め宣言しておく。相手は裏切れば最悪の事態となるので裏切らず，約束は守られるとするものである。これがすなわち**抑止**である。

| | | 行為者A | |
|---|---|---|---|
| | | 回　避 | 直　進 |
| 行為者B | 回避 | 3<br>3 | 4<br>2 |
| | 直進 | 2<br>4 | 1<br>1 |

注：左下に行為者Bの利得，右上に行為者Aの利得が示してある。
　　また，数字が大きくなるほど，その行為者にとって良い状態である。

［チキン・ゲームにおける行為者の利得］

4）俗語でchickenは弱虫を意味する。

重要度
★★☆

# 2 構造主義

マルクス主義は，19 世紀に始まった資本主義に対抗しうるだけの理論構成をもった考え方です。公務員試験の政治学ではあまり出題されませんが，国際関係の理論においては出題されることが多いところです。世界システム論や従属論は登場することが特に多くなっていますので，覚えておきましょう。

## 1．構造主義

### （1） 構造主義とは

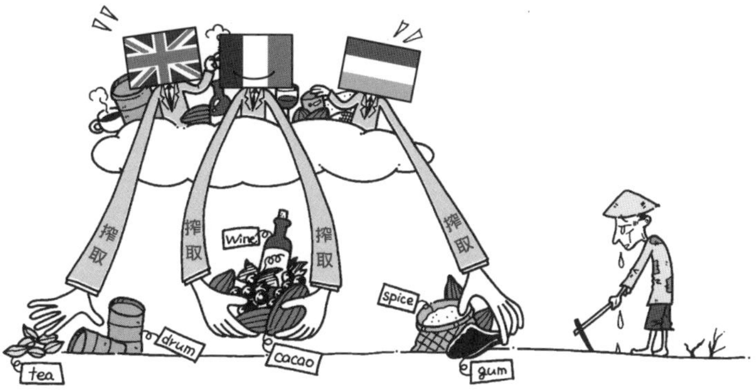


［従属論］

**構造主義**は，マルクス主義の階級理論から類推し，「**資本家と労働者の関係を先進国と途上国の関係に置き換えて，先進国が途上国を搾取している**」という考え方である。

この立場は，上の記述で明らかなように，現実主義や理想主義とは異なり，南北問題などを背景にして生まれた学派である。特に 1960 年代頃から，南北問題についてマルクス主義的な立場から解決策を提案しようとする学派が登場することになる。従属論はその代表である。

## (2) 中心ー周辺理論

**中心ー周辺理論**は，第二次世界大戦後に**R.** プレビッシュらが唱えた「周辺国の中心国に対する一方的な従属」という国際分業体制の矛盾を指摘した理論である。これは，南北関係が支配・搾取・不平等など，非対称的な結びつきによって特徴づけられていることに着目した概念であり，資源，食糧，加工度の低い製品を輸出する周辺（periphery ＝低開発国）は，技術進歩から得られる利益を工業化の進んだ中心（center ＝先進工業国）に吸い上げられ，一次産品の交易条件が悪化し，経済的不安定と低開発に追い込まれるとされる。

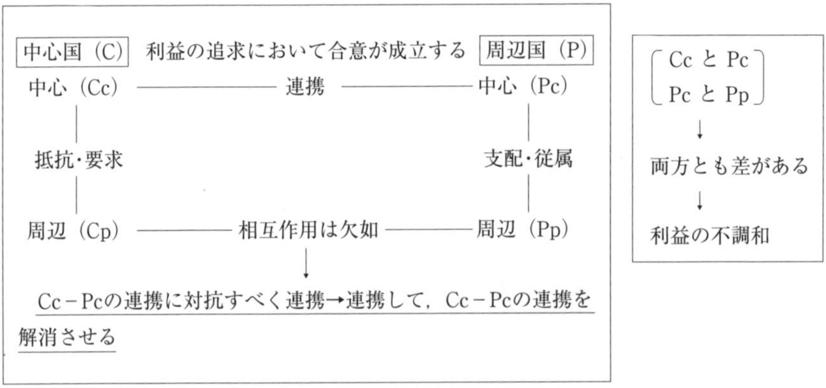


出典：浦野起央『国際関係理論史』勁草書房　P.312　図3-83を修正

ちなみに，プレビッシュは，1964年設立の国連貿易開発会議（UNCTAD）で初代事務局長を務めた。「プレビッシュ報告」と呼ばれる報告書は，その後のUNCTADの基本となり，南北関係の展開に大きく影響した。

## (3) 従属論

**従属論**は，「**先進資本主義国を頂点として世界経済秩序が形成され，第三世界の国々も経済発展や社会構造などさまざまな点において影響を受けたことの総称**」である。

代表的な論者には，S. アミン，A.G. フランク，O. スンケル，F.H. カルドーゾらがいる。各論者の要点は次の通りである。

1）アミン…従属化された地域は「周辺資本主義構成体」。

2）フランク…主要部（メトロポリス＝先進資本主義国）と従属部（サテライト＝後発国）。従属部は，その中で主要部－従属部構造を作る。

3）スンケル…輸入代替工業化がラテン・アメリカの一部で成功し，一部で失敗していることに着目。

4）カルドーゾ…従属部内部のアクターの勢力分布により，社会変動の多様性がもたらされる。

彼らの基本的な認識は，次のようにまとめられる。

1）政治と経済の相互作用については，経済が政治に対して優位性を持つ。

2）世界経済には，階層的・収奪的な特質がある。

3）発展途上国の経済発展は起こりうる。

どのようにすれば発展途上国は経済発展を遂げることができるかについては，次の三つに整理することができる。第1は，社会主義革命を行うことによって，世界資本主義体制から離脱することである。第2は，疎遠になっている「周辺」同士の協力関係を強化していくことにより，世界経済体制そのものの変革を目指すことである。第3は，外国資本の導入により世界資本主義体制の中で発展をする，というものである。

### （4）　世界システム論

**世界システム論**は，1970 年代中頃に，**I. ウォーラースティン**によって提示された理論である。この理論に特徴的なのは，従属論や構造的暴力論のような従来型のマルクス主義理論にありがちな二分論（資本家－労働者の二分法に影響されている）ではなく，世界を三層構造に分類している点である。

ウォーラースティンによれば，近代世界システムは，15 世紀末に主権国家と資本主義経済体制を特徴とする国際体制として形成された。そして，帝国という中央集権的権威の没落により近代国家システムの形成が始まったが，その影響を受けて，国境を越えた利益追求の貿易を行う世界資本主義体制が成立するに至ったのである。この構造は，「**中心・準周辺・周辺**」の**三層構造**であり，この**構造**は**不変**であるとされる。ただし，それぞれに該当する国家は時代ごとに変化する。また，世界資本主義体制は搾取の体制と考えられていて，中心は準周辺と周辺を搾取し，準周辺は周辺を搾取している。各々の特徴は次のとおり。

1）中心…資本集約的で先端的な技術をもった国

2）準周辺…中心と周辺との中間に位置する国[5)]

3）周辺…労働集約的で前時代的な遅れた技術しか持たない国

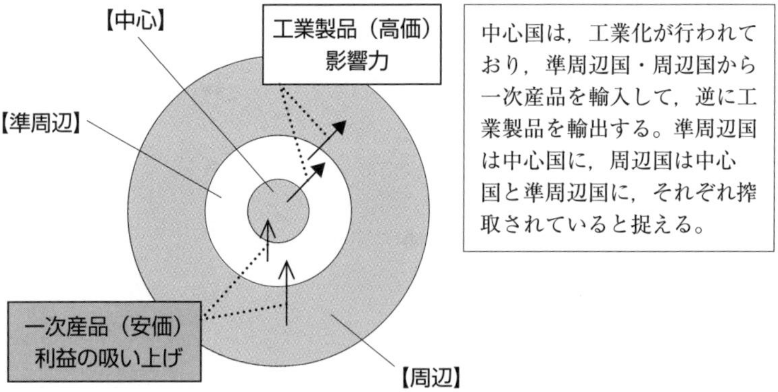


［世界システム論の構造］

また，世界資本主義システムには，サイクルが存在する。これは，中心がその構造を維持しようとし，周辺が構造を変革しようとするためである。すべての点において優れた国は覇権国とみなされ，これはサイクルの上昇期に誕生し，世界経済は安定することになる。この覇権国の興亡には**「コンドラチェフの波**（60年周期）」を想定して考える。また，覇権国には，16世紀のスペイン，17世紀のオランダ，19世紀のイギリス，20世紀のアメリカがあげられている[6)]。

5）中心国から見れば，準周辺国は，時代遅れになった衰退産業の引き受け役や，周辺国に対する不満の防波堤役をしてくれる，便利な存在とも考えられる。

6）ウォーラースティンの立場では，17世紀末から18世紀にかけては，覇権国は存在しないとされている。この点は，モデルスキーとは違っている。

## （5）　構造的暴力論

［構造的暴力］

**構造的暴力論**の考え方は，**J. ガルトゥング**によって，1960 年代に提起された。彼は，暴力を「人間が影響力を行使されることにより，その肉体的精神的実現の程度が潜在的な実現可能性よりも低くなること」と定義し，さらに直接的暴力と間接的暴力とに分けた。**直接的暴力**は，個人的暴力とも呼ばれ，特定の人間や人間集団によって発生するものである。いうなれば通常の暴力である。これに対して**間接的暴力**は，暴力を行使する主体を特定することはできないが，結果は直接的暴力と同じになるというものである。社会の構造により，この暴力が行使されていると考えるので，**構造的暴力**と呼ばれるのである。具体的には，資源分配の不平等，搾取，社会的不正義などを原因として取り上げ，貧困，飢餓，抑圧などが，その産物として考えられている。また，直接的暴力がない状態を**消極的平和**，間接的暴力がない状態を**積極的平和**という。

重要度
★☆☆

# 3 その他の理論

ここでは，対外政策決定論や新しく登場した理論などを学びます。特に対外政策決定論は，行政学などとも関連するテーマです。行政学で学んだ知識を生かすこともできますし，逆にここで学んだことを行政学に生かすこともできます。しっかり学習しておきたい箇所です。

## 1．対外政策決定論

### （1） 対外政策決定論とは

前節まで，さまざまな国際関係理論を眺望してきたが，いずれも国際関係全体を説明しようとするものであり，いわば「マクロ理論」であった。本節で扱う**対外政策決定論**は主として二国間関係を想定して，**各々の国家の行動（外交）を理論的に説明**しようとするもので「ミクロ理論」ということもできる。たとえば，「この条約を結べば，その国にとって得になることはあきらかなのに，なぜ結ぼうとしないのか」などという一見すると不可思議な行動をとる国が現れることがある。このような現象を単なる偶発現象と見なさないで，理屈づけて説明しようとするのが，以下に紹介する「対外政策決定論」と呼ばれる一連の理論群である。

### （2） アリソン・モデル

G.T.アリソンは，**キューバ危機**を題材に外交政策の決定要因を分析し，『**決定の本質**』を著した。この中で彼は，①合理的行為者モデル，②組織過程モデル，③政府内政治モデル（官僚政治モデル）という三つの基本的モデルを示した。各々のモデルには欠点もあり，相互に補完しあっている。

① **合理的行為者モデル**…政府あるいは政府指導者が明確な目的を持ち，また，その目的を達成するための適切な手段を用いて，国益を最大化するために政治決定をするという仮定に基づく理論モデルである。このモデルでは，政策を決める際の政府内部での（時には合理的ではない）慣習的な約束事

や，政府内部でのアクターたちの競争は一切捨象されている。

② **組織過程モデル**…政府は政策を決定する部門の頂点に位置してはいても，その政策を決めるにあたっては，官僚組織を通して選択肢を与えられているに過ぎず，政策の大半は，政府機関の中であらかじめ決められた約束事（ルーティンワーク）にしたがって決められているとする理論モデルである。

③ **政府内政治モデル（官僚政治モデル）**…政府内部のアクター（官僚や政府高官）などの駆け引きや力関係，競争などの中から，対外政策は決定されるとする理論モデルである。たとえば，官庁同士はライバルになりやすく，また閣僚なども互いに駆け引きをしつつ，自らに有利になるように政策を決定しようとする。この一連の政治的ゲームの結果が政策になるのであり，単一の合理的決定によるものではないとするところに特徴がある。



〈政策決定モデルの類型〉

| モデル | 合理的行為者 | 組織過程 | 官僚政治 |
| --- | --- | --- | --- |
| 決定の主体 | 国家または政府 | 政府内組織 | 個人主体 |
| 決定のタイプ | 合理性に基づく決定 | 組織的な決定過程による決定 | 政治の産物としての決定 |
| 決定過程 | 知的過程 | 機械的過程 | 社会的過程 |

出典：浦野起央『国際関係理論史』勁草書房　1997　P .278　表3-28より作成

## （3） リンケージ論

リンケージ論は，J.N. ローズノウらによって，1960年代後半に登場した理論であり，異なる体系間の連繫現象を扱うものである。現実に起きているリンケージ政治は，「国際問題の国内化」「国内問題の国際化」というように，国際政治と内政という異なる体系の重複および相互浸透化が進んでいったことによって発生したと考えられている。そしてこの現象により，国際政治と内政との境界線があやふやになり，両者を含めた枠組みで見ていくことが必要になったのである。ローズノウは，国際政治体系と国内政治体系の連繫を「**浸透政治システム**」と呼び，外交と内政との繋がりを「問題領域」という概念で説明した。「**問題領域**」とは，国際政治，国内政治，地方自治までを貫く政治的争点の基本類型であり，現在はそれらすべてのレベルを貫く問題領域を設定することができる。

### （4） ツー・レベル（二次元）ゲーム・モデル

**R.D. パットナム**は，国際交渉は，単に政府同士の交渉によって完結しているものではなく，その交渉に関わる国内諸アクターと当該政府との間で行われる国内政治過程とが連携した現象であると見なして，それを分析するための理論枠組み（**ツー・レベルゲーム**）を構成した。パットナムによれば，国内レベルで譲歩できる範囲と国家間で合意できる範囲が重なるところ（これを**ウィンセット**という）でしか，国際交渉は最終的合意には到達し得ないという。

## 2．新しい学派

### （1） コンストラクティヴィズム（構成主義）

ネオ・リアリズム，ネオ・リベラリズムの両学派の理論が冷戦の終結を予期できなかったことを契機に，国家の対外行動をパワー配分のような物質的要素からではなく，**認識**や**規範**，**アイデンティティ**のような非物質的要素，つまりアイデアから説明しようとする立場が**コンストラクティヴィズム**（構成主義）である。この立場は，ネオ・リアリズムとネオ・リベラリズムともに国家が合理的であり，行為主体は国際関係の構造に左右され，さらに国際関係の構造は不変であるという前提で議論を行ってきたことを批判した。コンストラクティヴィズムによれば，国家の認識や規範，アイデンティティは国家の相互作用により社会的に（**間主観的**に）構成（コンストラクト）されるというものである。たとえば，リアリズムが絶対視する「主権」概念も，コンストラクティヴィズムでは「『主権』という概念が支配的になったのはここ数世紀の話であり，当然永遠の現実ではなく，社会的に構成されたものである」ということになる。

代表的な論者として **A. ウェント**や **S. クラズナー**がいる。

## (2) 英国学派

英国学派とは，第二次世界大戦後のロンドン大学（LSE）を中心に形成されたアメリカの諸学派とは異なるアプローチをとる国際政治学の一学派のことである。国際関係を「主権国家などの『構成部分』の単なる集合体ではなく，何か**独自の論理構造をもつ国際社会**である」と見る点に特徴がある。代表的な研究者に，M. ワイトやC.A.W. マニング，**H. ブル**がいる。英国学派の研究者の共通点は，1）国際社会の部分たる主権国家の行動は，国際社会として統合させられているとみなす，2）国際社会の統合を担っているとする国際法・規範に強い関心を持ち，さらに，それら規範体系の時代的な意味を明らかにする，という点にあるといわれる。

## ポイント整理

**1** E.H. カー『危機の二十年』→理想主義と現実主義のバランスの必要性

**2** 現実主義（リアリアズム）

H. モーゲンソーの「パワー・ポリティクス」

ネオ・リアリズム→ K. ウォルツの勢力均衡論，R. ギルピンの覇権安定論

**3** 自由主義（リベラリズム）

理想主義の系譜，カント，ウィルソンの構想

国際統合論→ D. ミトラニーの機能主義, E. ハースの新機能主義, K. ドイッチュの交流主義

ネオ･リベラリズム→ R. コヘインと J. ナイの複合的相互依存論, O. ヤングらの国際レジーム論，B. ラセットのデモクラティック・ピース論

**4** 構造主義

マルクス主義の応用，南北問題への適用

中心―周辺理論（R. プレビッシュ），従属論（A. フランクら），世界システム論（I. ウォーラースティン），構造的暴力論（J. ガルトゥング）

**5** 対外政策決定論『決定の本質』（G. アリソン）→キューバ危機の分析

合理的行為者モデル，組織過程モデル，政府内政治モデルの三つの基本モデルを適用

国内問題と国際問題のリンケージ→「浸透政治システム」（J. ローズノウ），ツー・レベル・ゲーム・モデル（R. パットナム）

# Exercise

**問題① 国際関係の理論に関する次の記述のうち，妥当なのはどれか。**

（国般平 29）

**1** J.ナイは，国際関係でパワーが論じられるときには，軍事的手段や経済的手段などを用いて他の主体の行動に直接的に作用するパワーに加えて，文化的手段を説得・感化に用いて他の主体の行動に間接的に作用するハード・パワーがあるとした。

**2** 国益を追求する諸国家間の力の関係に着目して国際関係を捉える見方を，一般に現実主義（リアリズム）と呼ぶ。人間の性向に着目するK.ウォルツの現実主義や，国際システムを重視するH.モーゲンソーの構造的現実主義（ネオリアリズム）等がある。

**3** 1969年の著作『危機の二十年』で，H.キッシンジャーは，19世紀以来の自由主義思想を国際政治に適用しようとする考え方に対して，世論と規範意識によって国際平和が達成されると信じる立場は国際政治の権力的要素を無視していると批判し，現実主義の必要性を説いた。

**4** 国際関係における行為主体は，物質的であると同時に規範的な構造の中に埋め込まれており，社会における相互行為を通じて形成された間主観的な理解を共有していることを強調する学派は，理想主義と呼ばれる。

**5** 英国学派とは，諸国家が持つ共通の制度や規則の存在に着目し，アナーキー（無政府状態）なものではあるが社会としての性格も持つ国際社会の存在を論じ，その制度や歴史に関する研究を発展させたH.ブルらが代表する学派である。

## 解説

**1** × 文化的手段により他の主体の行動に間接的に影響を及ぼすパワーとしてジョセフ・ナイが提唱したのは，ソフト・パワーである。ハード・パワーは，肢の前段に示された，軍事的手段や経済的手段によって他の行動主体に直接的に作用するパワーのことを指す。ソフト・パワーはハード・パワーに対置する概念として提唱されたものである。

**2** × 国家の勢力的・権力的な行動の源泉を「人間の権力欲」に求めるのが，H.モーゲンソーである。これに対してK.ウォルツは，国家は国際システム全体の力の分布を踏まえた行動をするものであるとし，国際システムに着目することの重要性を唱えた。

**3** ×　『危機の二十年』は，E.H. カーによって 1939 年に出版された著作である。H. キッシンジャーは，リアリズムを主張する国際政治学者であり，1960 年代末から 1970 年代前半にアメリカのニクソン政権・フォード政権でデタント政策を担当した人物である。ソ連との関係改善，米中和解，ベトナム戦争の終結という外交的成果を生み出した。キッシンジャーは，国際政治からイデオロギー的要素を排除し，権力的要素を重視することで，大国間関係を安定させることを追求した。

**4** ×　肢の内容は，コンストラクティヴィズム（構成主義）学派の考え方である。

**5** ○　妥当な記述である。英国学派の説明として正しい内容である。

**解答　5**

**問題②　国際政治に関するア～エの記述のうち，妥当なもののみを全て挙げているのはどれか。**　（税・財平 29）

ア　H. モーゲンソーは，世界経済の安定はリーダーシップを発揮する能力とその意思のある国が存在して初めて可能になると主張した。彼は，世界恐慌期に国際経済体制がブロック経済に進む等，極めて不安定となったのは，かつての経済大国である英国が国際経済体制を支える能力を欠き，当時，超大国になりつつあった米国がその意思を欠いていたためであると指摘した。

イ　K. ウォルツは，国際関係はアナーキーであり，国家の関心が国家の安全にある以上，国家は市場や資源をコントロールすることを目指すため，相互依存が高まるにつれて，市場や資源のコントロールをめぐる紛争の可能性が高まり，それが軍事的な紛争の原因にもなり得ると主張した。

ウ　J. ナイは，相手を支配する有形の力をハード・パワー，相手の思考様式や問題設定の仕方に対して与える影響力をソフト・パワーと整理し，現在の国際関係においては，ソフト・パワーの重要性が高まっていると主張した。彼は，1990 年当時の米国衰退論について，ハード・パワーの優越性を強調しつつも，ソフト・パワーが脆弱であることから，今後，世界における米国の影響力の低下は避けられないことを強調した。

エ　P. ハースは，国際政治における国家の選好について，その形成に際して知識やアイデアが影響しているとする立場から，海洋汚染といった，一国での対応に限界がある問題について海洋汚染規制の国際レジームが成立するには，科学者など専門知識を共有する知識共同体（epistemic community）が各国政府の選好形成に与えた影響が大きく，それが各国に規制への協力という選択を行わせた要因であるとした。

**1**　ア，イ
**2**　ア，ウ
**3**　イ，ウ
**4**　イ，エ
**5**　ウ，エ



## 解説

ア　×　リーダーシップを発揮する能力と意思のある覇権国が世界の安定のために必要だと説く覇権安定論はモーゲンソーの主張ではなく，ギルピンやキンドルバーガーらの主張である。第2文に記述された内容を指摘したのは，キンドルバーガーである。

イ　○　妥当な記述である。ウォルツは，相互依存の進展によって国際紛争の解決手段として軍事力の有用性が低下したことなどを説いた相互依存論を批判して，肢文のような主張を行った。

ウ　×　ナイは1990年に刊行された著書のなかで当時流行していたアメリカ衰退論に対して，アメリカの有するハードパワーは以前よりも低下しているがソフトパワーは健在だと主張し，国際社会におけるアメリカの影響力が低下しているという見方を批判した。

エ　○　妥当な記述である。なお，肢文にある知識共同体（エピステミック・コミュニティ）の意義を論じたP. ハースは，統合理論（国際統合論）のなかの新機能主義アプローチを説いたことで知られるE. ハースとは別人である。

以上により，イとエが正しい記述となり，**4**が正解である。

**解答　4**

# 索　　引

MEMO

本書の内容は、小社より2020年１月に刊行された「公務員試験 過去問攻略Ｖテキスト 14 国際関係（ISBN：978-4-8132-8358-4）」と同一です。


公務員試験《こうむいんしけん》　過去問攻略V《かこもんこうりゃくぶい》テキスト　14　国際関係《こくさいかんけい》　新装版《しんそうばん》

2020年１月15日　初　版　第１刷発行
2024年４月１日　新装版　第１刷発行



編著者　TAC株式会社（公務員講座）
発行者　多田敏男
発行所　TAC株式会社　出版事業部（TAC出版）

〒101-8383
東京都千代田区神田三崎町3-2-18
電話　03(5276)9492(営業)
FAX　03(5276)9674
https://shuppan.tac-school.co.jp



組版　朝日メディアインターナショナル株式会社
印刷　日新印刷株式会社
製本　東京美術紙工協業組合





ISBN 978-4-300-11154-3
N.D.C. 317

# 公務員講座のご案内

## 大卒レベルの公務員試験に強い！

### 2022年度 公務員試験

公務員講座生※1
最終合格者延べ人数※2

**5,314名**

| | | |
|---|---|---|
| 国家公務員（大卒程度） | | 計2,797名 |
| 地方公務員（大卒程度） | | 計2,414名 |
| 国立大学法人等 | 大卒レベル試験 | 61名 |
| 独立行政法人 | 大卒レベル試験 | 10名 |
| その他公務員 | | 32名 |

※1 公務員講座生とは公務員試験対策講座において、目標年度に合格するために必要と考えられる、講義、演習、論文対策、面接対策等をパッケージ化したカリキュラムの受講生です。単科講座や公開模試のみの受講生は含まれておりません。

※2 同一の方が複数の試験種に合格している場合は、それぞれの試験種に最終合格者としてカウントしています。（実合格者数は2,843名です。）

＊2023年1月31日時点で、調査にご協力いただいた方の人数です。

## 全国の公務員試験で1位合格者を輩出！

詳細は公務員講座（地方上級・国家一般職）パンフレットをご覧ください。

### 2022年度 国家総合職試験

公務員講座生※1

最終合格者数 **217名**

| | | | |
|---|---|---|---|
| 法律区分 | 41名 | 経済区分 | 19名 |
| 政治・国際区分 | 76名 | 教養区分※2 | 49名 |
| 院卒/行政区分 | 24名 | その他区分 | 8名 |

※1 公務員講座生とは公務員試験対策講座において、目標年度に合格するために必要と考えられる、講義、演習、論文対策、面接対策等をパッケージ化したカリキュラムの受講生です。単科講座や公開模試のみの受講生は含まれておりません。

※2 上記は2022年度目標の公務員講座最終合格者のほか、2023年度目標公務員講座生の最終合格者40名が含まれています。

＊ 上記は2023年1月31日時点で調査にご協力いただいた方の人数です。

### 2022年度 外務省専門職試験

最終合格者総数55名のうち
54名がWセミナー講座生※1です。

合格者占有率※2 **98.2%**

外交官を目指すなら、実績のWセミナー

※1 Wセミナー講座生とは、公務員試験対策講座において、目標年度に合格するために必要と考えられる、講義、演習、論文対策、面接対策等をパッケージ化したカリキュラムの受講生です。各種オプション講座や公開模試など、単科講座のみの受講生は含まれておりません。また、Wセミナー講座生はそのボリュームから他校の講座生と掛け持ちすることは困難です。

※2 合格者占有率は「Wセミナー講座生（※1）最終合格者数」を、「外務省専門職採用試験の最終合格者総数」で除して算出しています。また、算出した数字の小数点第二位以下を四捨五入して表記しています。

＊ 上記は2022年10月10日時点で調査にご協力いただいた方の人数です。

WセミナーはTACのブランドです

(2021年7月現在)

# 書籍のご購入は

## 1 全国の書店、大学生協、ネット書店で

## 2 TAC各校の書籍コーナーで

資格の学校TACの校舎は全国に展開!
校舎のご確認はホームページにて

資格の学校TAC ホームページ
https://www.tac-school.co.jp

## 3 TAC出版書籍販売サイトで

CYBER BOOK STORE TAC出版書籍販売サイト

24時間 ご注文 受付中

TAC 出版 で 検索

https://bookstore.tac-school.co.jp/

新刊情報をいち早くチェック!

たっぷり読める立ち読み機能

学習お役立ちの特設ページも充実!

TAC出版書籍販売サイト「サイバーブックストア」では、TAC出版および早稲田経営出版から刊行されている、すべての最新書籍をお取り扱いしています。
また、無料の会員登録をしていただくことで、会員様限定キャンペーンのほか、送料無料サービス、メールマガジン配信サービス、マイページのご利用など、うれしい特典がたくさん受けられます。

### サイバーブックストア会員は、特典がいっぱい!(一部抜粋)

通常、1万円(税込)未満のご注文につきましては、送料・手数料として500円(全国一律・税込)頂戴しておりますが、1冊から無料となります。

専用の「マイページ」は、「購入履歴・配送状況の確認」のほか、「ほしいものリスト」や「マイフォルダ」など、便利な機能が満載です。

メールマガジンでは、キャンペーンやおすすめ書籍、新刊情報のほか、「電子ブック版TACNEWS(ダイジェスト版)」をお届けします。

書籍の発売を、販売開始当日にメールにてお知らせします。これなら買い忘れの心配もありません。

# 地方上級・国家一般職（大卒程度）・国税専門官 等 対応 TAC出版

## 過去問学習

**『ゼロから合格 基本過去問題集』**
A5判
TAC公務員講座
●「解ける」だから「つづく」／充実の知識まとめでこの1冊で知識「ゼロ」から過去問が解けるようになる、独学で学習を始めて完成させたい人のための問題集です。

**全12点**

・判断推理 ・数的推理 ・空間把握・資料解釈
・憲法 ・民法Ⅰ ・民法Ⅱ
・行政法 ・ミクロ経済学 ・マクロ経済学
・政治学 ・行政学 ・社会学

**『一問一答で論点総チェック』**
B6判
TAC公務員講座講師 山本 誠
●過去 20 年の出題論点の 95%以上を網羅
●学習初期の確認用にも直前期のスピードチェックにも

**全4点**

・憲法 ・民法Ⅰ
・民法Ⅱ ・行政法

**『出るとこ過去問』** A5判
TAC出版編集部
●本試験の難問、奇問、レア問を省いた効率的なこの1冊で、合格ラインをゲット！ 速習に最適

**全16点**

・憲法 ・民法Ⅰ ・民法Ⅱ
・行政法 ・ミクロ経済学 ・マクロ経済学
・政治学 ・行政学 ・社会学
・国際関係 ・経営学 ・数的処理（上・下）
・自然科学 ・社会科学 ・人文科学

## 直前対策

**『小論文の秘伝』**
A5判
年度版
TAC公務員講座講師 山下 純一
●頻出 25 テーマを先生と生徒のブレストで噛み砕くから、解答のツボがバッチリ！
●誌上「小論文道場」で答案改善のコツがわかる！
●合格者のアドバイスも掲載！

**『面接の秘伝』**
A5判
年度版
TAC公務員講座講師 山下 純一
●面接で使えるコア（自分の強み）を見つけられる「面接相談室」で自己分析が進む！
●集団討論のシミュレーション、官庁訪問のレポートも掲載！

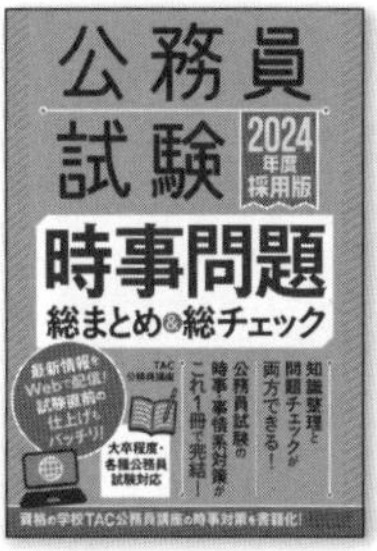


**『時事問題総まとめ＆総チェック』**
A5判
年度版
TAC公務員講座
●知識整理と問題チェックが両方できる！
●試験種別の頻出テーマが一発でわかる！

**『科目別・テーマ別過去問題集』**
B5判 年度版
TAC出版編集部
●試験ごとの出題傾向の把握と対策に最適
●科目別、学習テーマ別の問題掲載なので、学習のどの段階からも使えます

・東京都Ⅰ類B（行政／一般方式）
・特別区Ⅰ類（事務）
・裁判所（大卒程度／一般職）
・国税専門官（国税専門A）
・国家一般職（大卒程度／行政）

**TAC出版の書籍はこちらの方法でご購入いただけます**

1 全国の書店・大学生協
2 TAC各校 書籍コーナー
3 インターネット CYBER BOOK STORE TAC出版書籍販売サイト アドレス https://bookstore.tac-school.co.jp/

（2023年3月現在・刊行内容、刊行月、表紙等は変更になることがあります／年度版 マークのある書籍は、毎年、新年度版が発行される予定です）

# 書籍の正誤に関するご確認とお問合せについて

書籍の記載内容に誤りではないかと思われる箇所がございましたら、以下の手順にてご確認とお問合せをしてくださいますよう、お願い申し上げます。
なお、正誤のお問合せ以外の**書籍内容に関する解説および受験指導などは、一切行っておりません。**
そのようなお問合せにつきましては、お答えいたしかねますので、あらかじめご了承ください。

## 1 「Cyber Book Store」にて正誤表を確認する

TAC出版書籍販売サイト「Cyber Book Store」のトップページ内「正誤表」コーナーにて、正誤表をご確認ください。

CYBER TAC出版書籍販売サイト BOOK STORE

**URL:https://bookstore.tac-school.co.jp/**

## 2 1の正誤表がない、あるいは正誤表に該当箇所の記載がない ⇒ 下記①、②のどちらかの方法で文書にて問合せをする

**★ご注意ください★**

**お電話でのお問合せは、お受けいたしません。**
①、②のどちらの方法でも、お問合せの際には、「お名前」とともに、
「対象の書籍名(○級・第○回対策も含む)およびその版数(第○版・○○年度版など)」
「お問合せ該当箇所の頁数と行数」
「誤りと思われる記載」
「正しいとお考えになる記載とその根拠」
を明記してください。
なお、回答までに1週間前後を要する場合もございます。あらかじめご了承ください。

**① ウェブページ「Cyber Book Store」内の「お問合せフォーム」より問合せをする**

**【お問合せフォームアドレス】**

**https://bookstore.tac-school.co.jp/inquiry/**

**② メールにより問合せをする**

**【メール宛先　TAC出版】**

**syuppan-h@tac-school.co.jp**

**※土日祝日はお問合せ対応をおこなっておりません。**
**※正誤のお問合せ対応は、該当書籍の改訂版刊行月末日までといたします。**

乱丁・落丁による交換は、該当書籍の改訂版刊行月末日までといたします。なお、書籍の在庫状況等により、お受けできない場合もございます。
また、各種本試験の実施の延期、中止を理由とした本書の返品はお受けいたしません。返金もいたしかねますので、あらかじめご了承くださいますようお願い申し上げます。

TACにおける個人情報の取り扱いについて
■お預かりした個人情報は、TAC(株)で管理させていただき、お問合せへの対応、当社の記録保管にのみ利用いたします。お客様の同意なしに業務委託先以外の第三者に開示、提供することはございません(法令等により開示を求められた場合を除く)。その他、個人情報保護管理者、お預かりした個人情報の開示等及びTAC(株)への個人情報の提供の任意性については、当社ホームページ(https://www.tac-school.co.jp)をご覧いただくか、個人情報に関するお問い合わせ窓口(E-mail:privacy@tac-school.co.jp)までお問合せください。

(2022年7月現在)

ISBN978-4-300-11154-3
C3030 ¥1900E

9784300111543

1923030019004

定価：本体1,900円（税別）

TAC出版
TAC PUBLISHING Group



174-9926-1003-17